KLARTEXT

Bildnachweis:
Imago: /Lars Berg S. 6/7; /Manngold S. 8; /Horstmüller S. 17, 41, 63; /Sven Simon S. 22, 29, 68, 69, 74, 76, 106 (4. Reihe l.); /Baering S. 28; /Rust S. 36, 49; /Pressefoto Baumann S. 51; /Photomax S. 59; /Waldmüller S. 62; /United Archives S. 64; /Rolf Hayo S. 65 Mitte; /Kicker/Liedel S. 65 u.; /Fred Joch S. 66; /Kicker/Eissner, Liedel S. 71; /WEREK S. 77, 106 (2. Reihe r., 4. Reihe Mitte); /KBS-Picture S. 78/79; /MIS S. 81; Kicker/Eissner S. 83 u.; /Team 2 S. 91; /Bruno Press S. 94; /Thorge Huter S. 95, 104 u.; /Strussfoto S. 96; /Oliver Ruhnke S. 98, 102 u.; /Michael Schwarz S. 99; /Ulmer S. 100; /Revierfoto S. 102 o., 102 Mitte; /Jan Huebner S. 105; /Baering S. 106 (4. Reihe r.); /Kicker/Metelmann S. 106 (1. Reihe Mitte und r., 3. Reihe r.); /HochZwei S. 109; Witters/Pool S. 113; dpa Picture-Alliance: /kolbert-press S. 115; (c) 2022 Dream Team Management S. 85; firo S. 4/5, 84; Hamburger SV Archiv: S. 9, 12/13, 14, 26, 27, 58, 90; Privat: S. 11; Archiv NDR: S. 16; Trede-Archiv, Kaiser/Nordbild: S. 18, 20, 31, 32, 33, 35 r., 43, 56, 73, 80; Horstmüller S. 19, 21, 34, 35 o., 37, 45, 47, 53, 57, 75, 92, 93, 97, 101, 103, 106 (2. Reihe l. und Mitte, 3. Reihe l. und Mitte); Hamburger SV Museum: 24, 25 o.; Sammlung Klee: 25 u., 83 o. und Mitte; „Braunschweiger Zeitung"/Stadtarchiv Braunschweig: S. 40; Witters Sport-Presse-Fotos: S. 48; Otto Krschak S. 50, 106 (1. Reihe l.); NRZ/WAZ-Archiv: S. 65 o.; Adobe Stock: ©Aleksei Lebed S. 47 (Hintergrund); Juan M Romero (https://commons.wikimedia.org/wiki/File:Michelangelo's_Pietà,_St_Peter's_Basilica_(1498–99).jpg), Ausschnitt, https://creativecommons.org/licenses/by-sa/4.0/legalcode: S. 104 o.

Bibliografische Information der Deutschen Nationalbibliothek
Die Deutsche Nationalbibliothek verzeichnet diese Publikation in der
Deutschen Nationalbibliografie; detaillierte bibliografische Daten sind
im Internet über portal.dnb.de abrufbar.

Impressum
1. Auflage September 2022
Layout und Satz: Joachim Bartels
Umschlaggestaltung: Guido Klütsch, Köln
Umschlagabbildungen: Witters Sport-Presse-Fotos, Horstmüller (2), privat, Imago/MIS
Druck und Bindung: Linsen Druckcenter GmbH, Siemensstraße 12–14, 47533 Kleve

© Klartext Verlag, Essen 2022
ISBN 978-3-8375-2496-3

Jakob Funke Medien Beteiligungs GmbH & Co. KG
Jakob-Funke-Platz 1, 45127 Essen
info.klartext@funkemedien.de
www.klartext-verlag.de

Werner Skrentny

Hamburger SV

**Populäre Irrtümer
und andere Wahrheiten**

Inhalt

- 6 Zum Geleit
- 8 Das Raute-Rätsel
- 9 Eine Verabredung in Athen
- 10 Die Premiere
- 12 Unendliches Endspiel
- 14 Gone – but never forgotten!
- 15 Die längste und makelloseste Saison
- 16 Zauberwagen und Zigarettenwölkchen
- 17 Ein Stadion – und sieben Namen!
- 18 Randale und ein Wunder an der Weser
- 19 Ein Spieler namens Meier
- 20 Spielerfrauen unerwünscht
- 22 Zahlen und Fakten
- 24 Ein Plakat rollt durch die Stadt
- 26 Barfuß-Spieler und alter Rotwein
- 28 Halbnackt „Im Frühtau zu Berge"
- 30 Familiengeschichten
- 32 Das Phantom-Spiel
- 33 Als Hamburg kein Licht aufging
- 34 Galgen ohne Humor
- 36 Gute Luft im Versteck
- 37 Vom Pausenfüller zum Zuschauermagneten
- 38 Der Jubiläums-Hattrick des Peter Wulf
- 39 Das Phantom-Tor des Ernst Kreuz
- 40 Letztmals: „Die Helden von Bern"
- 41 Izmir? – Nie gesehen!
- 42 Raus ohne Applaus
- 43 Der beste Scout
- 44 Trikottausch und -Pannen: HSV gegen HSV
- 46 Trauriger Abschied des Rekordmanns
- 48 Dribbeln um die Blaskapelle
- 50 Dauerwelle mit krausen Haaren
- 52 Namenstage
- 53 Bundesliga ohne Ballkontakt
- 54 Hamburger SV. Eine Zeitreise
- 62 Volkstanzgruppe und Büchsenwürfe

63	Abschied auf der „Grünen Insel"	94	„Messias" an der Alster
64	Präsentation im „Bierbrunnen"	95	Kein Hattrick mit „Hâttric"
65	Dachdecker, Angler, Torjäger!	96	„Halt die Klappe!"
66	„Unser Uli" in Ochsenzoll	97	Gefälle statt Gipfel
67	Es war einmal der Hafenpokal	98	„Außer Hermann könnt ihr alle geh'n!"
68	Kling, Glöckchen …		
70	Das beste Spiel aller Zeiten	100	„Ruft nie wieder an!"
72	K.u.K-Monarchie im Elferreich	101	Das Werder-Trauma
74	Heber in Athen	102	Ab ins Museum
76	Kaiser mit Handicap	103	„Gurkentruppe"
77	Der verschwundene Meistertrainer	104	Pietà auf´m Platz
78	Blau-weiß-schwarze Zahlenspiele	105	Die größte Fuß-Skulptur der Welt
80	Rot nach einer Rechten	106	Legenden
81	Der Torwart im Sturm	108	Der Fax-faux-pas
82	101 HSV-Schallplatten!	110	Wann kommt der „Second City-Cup"?
84	Kai Falke taumelt durch die Nacht		
86	Tops und Flops und legendäre Spiele	112	Eintausend Zuschauer: Ausverkauft!
90	Harry „starb" auf der Tartanbahn	114	Das „Lichtlein" ist ausgegangen …
91	Verpfiffen!	116	Das Quiz für echte HSV-Experten
92	Bonbonrosa	120	Zitate

Zum Geleit

Geboren 1949, verbinden sich meine ersten HSV-Erinnerungen mit dem Namen Spundflasche. Wir besaßen damals in Hirsau im Nagoldtal im Nordschwarzwald (außerhalb der Gastwirtschaften) den einzigen Fernseher. Insofern war der Wintergarten, auch weil es noch Kurgäste gab, fully booked. Der „Spund" hatte im Endspiel 1958 gar nicht mitgewirkt, doch muss ihn der Reporter erwähnt haben. Den nächsten Schritt zum HSV bedeuteten die „Heinerle Sammelbilder". Wunderschön in Farbe, himmelblaue Trikots, auf denen bei Meinke, Reuter und natürlich Uwe die Raute prangte.

1978 Umzug nach Hamburg. Der erste Fußball-Weg führte zum HSV. Kevin Keegan gab bei Bitterkälte an der Radrennbahn Stellingen Autogramme für die HSV-Eishockey-Spieler. Torhüter Rudi Kargus wurde weggeschickt. Ärgerlich! Aber es kamen viele Klasse-Leute. Die auch woanders Interesse weckten, bei Chelsea z. B., dem FC Bayern, Real, „Man City".

Namen lassen wir aus; wir wollen niemandem weh tun. Nach Drucklegung dieses Buches geht der HSV in seine fünfte Zweitliga-Saison. Mit kaum glaubhaften Niederlagen: In der Premieren-Saison 2018/19 das 1:4 in Paderborn, schließlich der vierte Rang. Im Pokal erstmals seit 2009 wieder im Halbfinale, jedoch gescheitert am Retortenklub RB Leipzig.

Letzter Spieltag 2019/20 am 28. Juni zuhause gegen Sandhausen (ohne Zuschauer). Ein Punkt hätte zur Relegation gereicht, doch lautete das Resultat 1:5. Und auch das noch: Ein Torschütze der Nordbadener hieß Dennis Diekmeier. Auch international „gewürdigt" als „the Bundesligas most harmless player." Weil: 220 Begegnungen, davon 173 mit dem HSV, und null Tore. „Eine Schlusspointe, die sich kein Autor der Welt so hätte ausdenken können" („MoPo"). Jedenfalls: Erneut Vierter. Ein 1:2 n. V. vor 45.500 gegen den VfB Stuttgart (Trainer: Tim Walter) im Pokal bedeutete das Aus in Runde 2.

Vorletzter Durchgang 2020/21 2:3 beim späteren Relegations-Verlierer Osnabrück. Endabrechnung, da gibt es nichts zu raten: Vierter. Im DFB-Pokal war gleich in Runde 1 Schluss beim Drittligisten Dresden (1:4).

Die Saison 2021/22 brachte erstmals Rang drei – und das Scheitern in der Relegation gegen Hertha BSC aus Berlin.

Es bleibt die ruhmreiche Geschichte. Und die ist Ansporn, es zukünftig den zahllosen Anhängerinnen und Anhängern zuliebe besser zu machen!

Das Raute-Rätsel

Auf dem Herzen trägt sie, wer ein HSV-Trikot anhat, und im Herzen trägt sie jede und jeder im weiten Umkreis um das gleichnamige Stadionrestaurant: die Raute. Seit 1919 gibt es das blau-weiß-schwarze Vereinslogo. Es ähnelt einer Reedereiflagge und ist von daher so hamburgisch wie die Köhlbrandbrücke. Eigentlich sind es drei auf der Spitze stehende Quadrate in einem blauen Rechteck, aber lassen wir das und fragen: Wer hat die Raute seinerzeit entworfen?

Das wird ein Rätsel bleiben, denn es gibt zwei Urheber und also keinen eindeutigen. Henry Lütjens, schon 1947 verstorben, und Otto Sommer, der bis 1995 gelebt hat, waren langjährige HSVer, haben sich – zumindest im privaten Kreis – als Rauten-Erfinder bezeichnet, und beide Versionen tauchen auch in Presseartikeln und Chroniken auf. Sommer, Ligaspieler der 1920er Jahre, war Werbegrafiker, aber erst später, denn 1919 spielte er noch in der A-Jugend. Durfte er da schon mitreden? Vielleicht.

In der Vereinsgeschichte ist Platz für beide Urheber, und überhaupt hat doch fast jeder Erfolg mehrere Väter und Mütter. Die Raute ist jetzt seit über hundert Jahren so gut wie unverändert geblieben. Kein Wunder, denn sie ist genial einfach und dürfte noch manchen Zeitgeschmack überdauern. (jrp)

Eine Verabredung in Athen

Natürlich hat der Fußball den HSV bekannt gemacht, doch war und ist der auch anderen Sportarten Heimat: Heute zahlt man 36 Abteilungen.

Der erste (und für 110 Jahre einzige) Olympiasieger war denn auch ein Allroundsportler. Friedrich (Fritz) Traun (geb. 1876) betrieb Leichtathletik beim HSV-Vorgänger SC Germania, spielte Tennis und Golf, fuhr Bobrennen und lenkte das Luxusauto „Phaeton" von Peugeot.

Der Sohn eines reichen Fabrikanten und Senators war ein sogenannter „Herrensportler". Als der reiste er auch zu den ersten Olympischen Spielen der Neuzeit 1896 nach Athen. Die waren damals eine überschaubare Veranstaltung: 241 Teilnehmer (keine Frauen) aus 14 Nationen, zehn Tage Dauer. Traun trat über 800 Meter an und verlor im Tennis-Einzel gegen den Briten John Boland. Der Deutsche und der Dubliner taten sich spontan fürs Doppel zusammen und gewannen auf Rasen im Velodrom Neo Faliro von Piraus. Gold gab es noch nicht, aber eine silberne Medaille und einen Olivenzweig.

Das Leben von „Kautschuk-Millionär" Dr. Friedrich Traun endete am 11. Juli 1908 in einer Hotel-Suite an der Hamburger Elbchaussee. Der Olympiasieger erschoss sich im Alter von 32 Jahren.

Die offizielle Version lautete: „Freitod infolge geistiger Umnachtung". Tatsächlich hatte der Fabrikbesitzer eine Doppelehe geführt, was in der damaligen Oberschicht als unentschuldbarer Makel galt.

Dank einer Zufallsbekanntschaft 1896 Hamburgs erster Olympiasieger: Friedrich Traun, der in Athen den Iren John Boland (damals Großbritannien) traf.

Die Premiere

Der 2. Juni 1919 war der amtliche Gründungstermin des neu fusionierten HSV (Germania-88-Falke). Nicht der 1. Juni, denn da fand noch in Bremen das Finale um die Norddeutsche Meisterschaft statt, das man – als Kriegs-Spielgemeinschaft HFC/Victoria – gegen den Bremer SC 2:0 gewann.

Wann aber debütierte der neue Großverein als HSV? Da gibt es, wie es sich in der Fußball-Historie gehört, mehrere Antworten:

„Nulltes Spiel": Schon am 1. Juni trat eine kombinierte Mannschaft mit Spielern aller drei Vorläufer bei Viktoria Recklinghausen an und verlor sang- und klanglos 1:4. Allerdings fehlten einige Stars (wegen des Spiels in Bremen) und eigentlich galt es ja noch nicht, siehe Gründungsdatum.

Erstes Spiel: Das war am Pfingstsonntag, 8. Juni, bei Rostock 95. Somit auch das erste Spiel im Norden, denn Mecklenburg gehörte damals zum NFV. Spielort war „Barnstorfs Sandwüste" (so die Vereinsnachrichten) und das Ergebnis 3:2 für die Hamburger. Von den Norddeutschen Meisterspielern wirkten Agte und Schneider erstmals mit.

Es folgte am 22. Juni, also auch noch in der alten Saison, ein 2:3 bei Kilia Kiel. Es handelte sich um ein Viererturnier und es winkte ein Endspiel gegen Holstein Kiel, aber daraus wurde nichts, obwohl erstmals Harder und der Neuzugang Flohr mitwirkten. Nach der Sommerpause dann aber ...

... die **Saisoneröffnung**: Beim Stettiner SC (im heutigen Szczecin) konnte der HSV am 4. August weitere Neue einsetzen, nämlich Borck (Torwart) und Ohrt. Ersterer hatte 1911 für den MTV München ein Länderspiel gegen Ungarn gemacht. Auf Kiesboden siegte man vor 2.000 Zuschauern 4:1. Noch immer hatte Hamburg seinen HSV nicht gesehen.

Erstes Spiel in heimischen Gefilden: Auch dieses fand nicht in Hamburg oder Altona, sondern in Stellingen-Langenfelde statt, das noch zum Kreis Pinneberg gehörte. An der Kieler Straße, in Sichtweite des Wasserturms, trennte man sich von Union 03 mit 1:1. Es spielte – mit fünf Neuen – eine „sagenhafte Mannschaft, die der HSV in aller Stille zusammen gebracht hatte", so ein leicht missgünstiger Pressekommentar. Union, eigentlich am Kreuzweg in Altona ansässig, spielte wie früher wieder in Langenfelde, weil der Kreuzweg-Sportplatz nachkriegsbedingt als Kohlenlager diente.

Erstes Norddderby: So nannte es noch niemand, aber es sei nicht verschwiegen, dass am 24. August Werder Bremen 5:1 abgefertigt wurde. Dieses war gleichzeitig das erste Spiel am Rothenbaum. Schon vormittags war das Spiel der „Alten Herren" beider Vereine ebenfalls 5:1 für die Hamburger ausgegangen, wobei der HSV auf A.W. Turner verzichten musste, denn der war „leider verreist". Er war ehemaliger Boxer, später mehrfach Trainer der Ligamannschaft und behielt stets das Kürzel A.W. bei. Über seine Nationalität wird bis heute gerätselt.

Das waren fünf bis sechs Premieren. Das **erste Meisterschaftsspiel** stieg dann auch am Rothenbaum gegen Concordia aus Wandsbek, die am 14. September mit 8:0 nach Hause geschickt wurde. Das Ergebnis hatte Bestand, denn der Neuzugang Hans Popp kam nicht zum Einsatz. Später wirkte er mehrfach mit und das war kontraproduktiv, denn er war nach Meinung des Bezirks nicht spielberechtigt und der HSV verlor vier Punkte. Auch das gab es vor über hundert Jahren schon.

Vom **ersten Bundesligaspiel** gibt es auf Seite 54 ein Foto. Das war erst 1963. Aber nochmal zurück zum „nullten" Spiel ganz am Anfang. Erster und einziger Torschütze des HSV war Hansen. Leider gab es zwei Spieler dieses Namens, je einen bei Germania und beim HFC. Zu Pfingsten in Rostock spielten beide, aber vorher in Recklinghausen nur einer. Vorname? Initial? Dazu sagt der Bericht nichts. Auch dies wird ein Geheimnis bleiben. (jrp)

Unendliches Endspiel

Manche Wunden, so scheint es, verheilen nur sehr langsam. Ungerecht behandelt fühlte sich der HSV 1922, als er „eigentlich" die Deutsche Meisterschaft gewonnen hatte – und dann doch nicht. Am Ende eines DFB-Bundestages in Jena wurde er mit 53:35 Stimmen zum Meister ernannt, aber gleich anschließend erklärte Henry Barrelet im Namen des Vorstandes den Verzicht. Einige Quellen, auch aus neuerer Zeit, reden von Betrug und Erpressung und rechnen dem HSV den Titel trotzdem zu. Was war geschehen?

Jahrzehnte vor der Bundesliga wurde die Meisterschaft als Endrunde der regionalen Meister ausgetragen, im K.o.-System mit einem Endspiel als Schlusspunkt. 1922 trennten sich der HSV und

4:54 Stunden Spielzeit und doch kein Meister: Es war im Jahr 1922. Hier rettet FCN-Torhüter Stuhlfauth vor „Kalle" Schneider, rechts Kapitän Bark.

der 1.FC Nürnberg 2:2, nach zweimaliger Verlängerung und insgesamt mehr als drei Stunden Spielzeit – beendet wurde es erst, als es zu dunkel wurde. Schon dieses Spiel in Berlin litt unter überhartem Einsatz auf beiden Seiten. So war die Atmosphäre aufgeladen, als man sich Wochen später in Leipzig zum Wiederholungsspiel traf. Besser wurde es nicht. Beleidigungen, Fouls, Tätlichkeiten – Schiedsrichter Peco Bauwens hatte Schwerstarbeit zu verrichten.

Als es wieder unentschieden stand, diesmal 1:1, und die Nürnberger nur noch sieben Mann auf dem Platz hatten – zweimal „rot" (sozusagen, noch gab es die Karten nicht) und zwei Verletzte, die damals nicht ausgetauscht werden durften: Da brach Bauwens das „Spiel" ab und der HSV schien, den Regeln entsprechend, Meister zu sein. Doch der „Club" fand die Schwachstelle. Den Abbruch hatte der Schiri während einer Pause erklärt, genauer: nach dem Ende der 1. Verlängerungshälfte. Das entsprach nicht der Regel 5, Absatz 2 bis 4, welche besagte, die Pause gehöre nicht zum Spiel; ein Abbruch müsse jedoch während (!) des Spiels erfolgen.

Der HSV war hanseatisch empört: Es sei doch ganz offensichtlich, dass Nürnberg den Abbruch bewusst herbeigeführt und der Spieler Luitpold Popp seine Verletzung simuliert habe, weil acht Mann die Niederlage nicht mehr hatten abwenden können. Also musste noch einer ausscheiden ... Torwart Heiner Stuhlfauth und seine Vorderleute hätten sich auf dem Platz darüber verständigt: „Das dauert keine fünf Minuten mehr, Gustav (der Kapitän) weiß schon Bescheid."

Es half nichts, die Meisterschaft 1922 kam „in Fortfall" und da befindet sie sich bis heute. Die Mannschaften vertrugen sich später wieder und ließen sich sogar gemeinsam fotografieren. (jrp)

Gone – but never forgotten!

Nein, es lohnt sich nicht, dorthin zu reisen: An die Rothenbaumchaussee, wo sich zwischen Hallerstraße und Turmweg das legendäre HSV-Stadion Rothenbaum befand. Von 1911 (Hamburger FC 88) bis 1997 (Abriss). Anstelle des „HSV-Bierbrunnen" werden heute Sushi kredenzt, die stolze Rauten-Flagge davor wird nie mehr gehisst. Auch besteht im Neubau Rothenbaumchaussee 115 (wo sich das Klubheim „Löwenburg" befand) keine HSV-Geschäftsstelle mehr. In der U-Bahn-Station Hallerstraße ist der Wandschmuck dem Tennis gewidmet (wegen des nahen Stadions) – im Gegensatz zum Bahnhof Millerntor (FC St. Pauli). Aufgrund der sporthistorischen „Amnesie" der Stadt erinnert auch sonst gar nichts an HSV-Geschichte.

Ein Stadion inmitten der Stadt: Ideal für U 21, Frauen, Jugend-Bundesliga. Verschwunden allerdings auch aufgrund der Diskontinuität in der HSV-Spitze. So geriet das zeitweise größte deutsche Vereinsstadion (1937: 37.000 Zuschauer, dabei 11.000 überdachte Plätze inklusive Stehhalle) in Verfall. Vergangenheit das Kuriosum, dass der „Pausentee" auf dem Spielfeld eingenommen wurde, weil die Kabinen jenseits der Chaussee lagen. Da half die Polizei und hielt u. a. die Straßenbahn-Linie 18 auf. Die SPD reklamierte das vom HSV gepachtete Areal für Sozialwohnungen. Entstanden sind ein Medienzentrum und Luxuswohnungen. Zur Rothenbaum-Geschichte sei hier an das Buch: „Orte der Leidenschaft" (2006) erinnert.

1911 bis 1997 HSV-Heimat: das Stadion Rothenbaum,
zeitweise das größte vereinseigene in Deutschland

Die längste und makelloseste Saison

Es gab diese eine Spielzeit, in der der HSV nicht einen Punkt in der Liga abgab. Einmalig, genauso wie die Dauer dieser Saison 1940/41: zwei Jahre! In der Bereichsliga Nordmark erzielte der HSV in der Kriegszeit nach der zwei Punkte-Regel 44:0 Zähler und 104:25 Tore. Weshalb diese Saison so lange dauerte?

Angesichts eines Acht-Punkte-Vorsprungs des Tabellenführers hatte die Begegnung mit der SG Barmbeck (damalige Schreibweise) für den Ausgang der Meisterschaft keinerlei Bedeutung. Tatsächlich wurde das Spiel erst fast ein Jahr (!) nach Rundenende am 22. März 1942 (!) nachgeholt. Zwar nicht in Barmbeck, wie vorgesehen, sondern beim HSV am Rothenbaum (6:2, 1.500 Zuschauer). Und mit sieben neuen Spielern seitens der Rothosen. Denn im 2. Weltkrieg eine Mannschaft zusammenzustellen, war ein schwieriges Unterfangen. Auch für Konkurrenten wie Barmbeck, die Spielgemeinschaften bilden mussten. Der HSV setzte gezwungenermaßen auf seinen Nachwuchs und fuhr damit gut. Kapitän Eugen Kahl (geb. 1912) kehrte nicht aus dem Krieg zurück; Talente wie Torjäger Werner „Höffi" Höffmann (geb. 1917), Walter Staats (geb. 1920) und Herbert Feltz (geb. 1922) kamen ebenfalls ums Leben. Der Name von Feltz findet sich heute auf dem deutschen Soldatenfriedhof von Rossoschka bei Stalingrad/Wolgograd. Sein Leichnam wurde nie gefunden.

Der Name von Herbert Feltz, der 64 Spiele (63 Tore) von 1940-43 bestritt, findet sich auf einem der Granit-Würfel in der Steppe in Rossoschka bei Wolgograd/Stalingrad, wo an 14.363 deutsche vermisste Soldaten erinnert wird.

Zauberwagen und Zigarettenwölkchen

Drei Kameras waren im Einsatz: Erstmals übertrug der damalige NWDR (heute NDR und WDR) am 28. August 1952 ein Fußballspiel im Fernsehen! Und zwar aus dem Stadion Rothenbaum, wo der HSV und Oberliga Nord-Neuling Altona 93 aufeinander trafen.

14.000 waren vor Ort. Wie viele an den etwa 200 Philips-TV-Geräten im gesamten NWDR-Sendebereich zusahen, ist unbekannt. Es war ein Testlauf: Als erste offizielle Fußball-Live-Übertragung nach dem Krieg gilt das DFB-Pokal-Wiederholungsspiel FC St. Pauli gegen Hamborn 07 am 2. Weihnachtsfeiertag im selben Jahr.

Der Aufsteiger (mit Neuzugang Dieter Seeler vom HSV) ging dreimal in Führung, ehe der HSV 4:3 gewann. „Alle sieben Tore konnten mit einer Präzision beobachtet werden, die dem Sportfreund die Beobachtung des Spiels zu einem wahren Genuss machten", lobte die NWDR-Zeitschrift „Die Ansage" die eigene Übertragung.

Eine Zeitung urteilte: „Es war, als säße man in einem Zauberwagen, der automatisch immer in vielleicht 50 Metern Entfernung vom Ball blieb (...) Kamera und Mikrofon boten uns selbst die unzähligen Zigarettenwölkchen über den Zuschauermassen."

„Die technische Bildqualität war – sogar noch bei beginnender Dämmerung – voll befriedigend" („MoPo"). Das Spiel war nämlich erst Samstag 17.30 Uhr angepfiffen worden. Mit Rücksicht auf die benachbarte St. Johannis-Kirche, deren Gottesdienst-Besucher HSV-Spiele am Sonntagvormittag ablehnten.

NWDR-TV-Testlauf am Rothenbaum – mit sieben Toren bei der Premiere.

Ein Stadion – sieben Namen!

Der HSV spielt seit Einführung der Bundesliga 1963 (fast) immer im Volksparkstadion. Die oftmals geänderte Namensgebung dieser Spielstätte dürfte einen deutschen Rekord darstellen.

Als Altona noch selbständig und Hamburgs Nachbarstadt war, entstand dort 1925, Fassungsvermögen 47.000, das Altonaer Stadion. Das große Hamburg hatte lediglich kleinere Klub-Anlagen zu bieten.

1953 wurde am selben Ort ein neues Stadion eröffnet. Den (inoffiziellen) Namen „Volksparkstadion Altona" für das Volksparkstadion Hamburg meldete bereits die „Deutsche Wochenschau" der NS-Zeit. Die Spielstätte kam in die Jahre und so sprang auch der HSV auf den Zug „reines Fußballstadion" auf.

Der HSV-Vorstandsvorsitzende Werner Hackmann (1947–2007) verkaufte 2001 die Namensrechte der AOL-Arena an einen Internet-Anbieter. „Ich kann Millionen nicht in den Wind schreiben, weil wir das Ding Uwe Seeler-Stadion nennen." Ab Juli 2007 galt: HSH Nordbank Arena. Jedoch, die Landesbank geriet in eine Krise (aus der ihr mit ca. 13 Mrd. Euro Steuergeldern geholfen wurde). Nun hieß das Stadion ab 2010 Imtech Arena, doch ging das Unternehmen pleite. Die Rückkehr zum Namen Volksparkstadion finanzierte Mäzen Klaus Michael Kühne als „Herzensangelegenheit" 2015–2023 und entsprach damit dem Wunsch der Fans.

Der siebte Name? FIFA WM Stadion, 2006 während der Fußball-WM.

Als erstes Bundesliga-Stadion umbenannt: Hamburgs AOL-Arena.

Randale und ein Wunder an der Weser

1. Dezember 1957: Tabellenführer HSV empfing Verfolger Bremerhaven 93 vor 16.000 Zuschauern. Sie wurden Augenzeugen und zum Teil leider auch Mitwirkende eines der unrühmlichsten Kapitel der Oberliga-Nord-Geschichte.

Denn die Partie geriet nach knapp einer Stunde aus den Fugen. Nach einem Zweikampf trat Uwe Seeler seinem Bewacher Horst Wagenbreth in die Beine und wurde von Schiedsrichter Walter Höfel (Braunschweig) des Feldes verwiesen. Eine korrekte, wenn auch recht harte Entscheidung. Der Platzverweis gegen den 21-jährigen Publikumsliebling in dessen „Wohnzimmer" kam einer „Majestätsbeleidigung" gleich.

Die Zuschauer verwandelten das Stadion in einen Hexenkessel. Einige „Sportfreunde" drohten Höfel sogar Lynchjustiz an. Nach dem Abpfiff stürmte das Publikum das Spielfeld. Nur unter großen Mühen gelang es, die Schiedsrichter und Wagenbreth vom Platz zu geleiten.

Die Tumulte hatten mehr als nur ein „Nachspiel". Zunächst wurde Seeler für zwei Punktspiele gesperrt. Dann musste der HSV sein Heimspiel gegen Braunschweig auf neutralem Platz austragen – im Bremer Weserstadion! Die Partie am 2. Weihnachtstag 1957 geriet zu einer Sternstunde der Vereinsgeschichte. Der HSV verwandelte einen 0:4-Pausenrückstand auch dank dreier Treffer des „Sünders" Seelers noch in ein 6:4. Der angeschlagene Weltmeister Jupp Posipal brillierte dabei im Sturmzentrum als genialer Vorbereiter und Vollstrecker. (bjt)

„Majestätsbeleidigung" in „Uwes Wohnzimmer":
Seelers Platzverweis löste 1957 am Rothenbaum Tumulte aus.

AHA!

Ein Spieler namens Meier

Gert „Charly" Dörfel (geb. 18.9.1939), A-Nationalspieler und großartiger Linksaußen, bestritt für den HSV von 1959 bis 1972 324 Ligaspiele (108 Tore). „Charly" gibt die Flanke, Uwe köpft sie 'rein", lautete ein Fan-Gesang. Dass Dörfel zu den Klub-Legenden gehört, hat mit seinem Status als Spaßvogel zu tun. Vor allem auf dem engen Terrain im Stadion Rothenbaum kommunizierte er oft mit dem Publikum. Sein Beiname ging auf einen Hit der Coasters von 1959 zurück: „Charlie Brown (he's a clown)".

Die Schiedsrichter jener Jahre allerdings waren für keinen Spaß zu haben, was Dörfel am 30. Oktober 1968 im Volksparkstadion vor 30.000 Zuschauern erfuhr. Der Dialog mit Edgar Deuschel, städtischer Verwaltungsbeamter aus Ludwigshafen/Rhein, ist wie folgt überliefert:

Dörfel: „Das war Freistoß für mich!"
D.: „Nein, seien Sie ruhig!"
Dörfel: „Ich bin nicht ruhig. Das war für uns!"
D.: „Ich verwarne Sie. Wie heißen Sie?"
Dörfel: „Meier!"
D.: „Der Name steht nicht auf dem Spielbericht. Dann gehen Sie mal nach draußen, Herr Dörfel."

Die Folge: zwei Spiele Sperre.
Als Dörfel sich 1972 mit HSV-Trainer Ochs überwarf, spielte er im Apartheid-Land Südafrika weiter. Zurück in Hamburg, lief er für den „kleinen HSV", den HSV Barmbek-Uhlenhorst, auf. Das Regionalliga-Debüt des 34-Jährigen gegen Itzehoe wollten fast 5.000 sehen! Dörfel beendete seine Karriere 1978 in Kanada.

„Charly gibt die Flanke, Uwe köpft sie 'rein":
Linksaußen Gert Dörfel in Aktion.

Spielerfrauen unerwünscht

Verdammt lang her, deshalb: Bis 1963 wurde der Deutsche Meister in einer Endrunde ermittelt, mit den Besten aus den Oberligen Nord, West, Südwest, Süd sowie der Stadtliga (West-)Berlin. Hamburg galt im Endspiel am 25. Juni 1960 in Frankfurt gegen den 1. FC Köln als Außenseiter.

Jupp Wolff hatte sich im „Hamburger Abendblatt" vorab ganz allgemeine Gedanken gemacht: „Einige Klubs sind wahre Fremdenlegionen. In einem süddeutschen Verein verstehen sich die Spieler nicht, weil sie verschiedene deutsche Dialekte sprechen."

Die HSV-Akteure stammten dabei fast alle aus der Hansestadt. Und auch in Köln konnte man sich verständigen, denn die meisten waren Rheinländer. Die deutsche Sprache beherrschte auch Coskun Tas, als Student einer von 18 Türken in der Domstadt (inklusive Konsulat-Angehörige). Er bestritt alle Endrunden-Spiele, doch sperrte ihn FC-Präsident Franz Kremer fürs Finale aufgrund seiner Staatsangehörigkeit aus.

Triumphaler Empfang am Dammtor-Bahnhof

Der HSV gewann das Endspiel in der Gluthitze von Frankfurt 3:2 (Beginn 17 Uhr, 35 Grad). Sieg-Tor von Seeler in der 88. Minute, dem der „Spiegel" bereits vorab eine Titelgeschichte widmete – und dann wurde „Uns Uwe" auch noch der erste „Fußballer des Jahres"!

Fan-Poesie anno 1960: „Trotz Schäfer, Sturm und Rahn geht Köln unter wie ein Kahn."

Es hieß, die Jugend des HSV (Altersdurchschnitt 24,2 Jahre) hätte den Ausschlag gegeben, doch war auch Köln (25,3) nicht überaltert, eher durch vorherige Ausfallzeiten geschwächt. Die Weltmeister Hans Schäfer (32) und Helmut Rahn (30) standen auf dem Feld. Ihr Kollege Jupp Posipal (43) saß als HSV-Betreuer neben Trainer Günther Mahlmann auf der Bank.

Der DFB fürchtete „Krawalle", obwohl es die selbst beim 1959er-Endspiel Frankfurt – Offenbach nicht gegeben hatte. Geehrt wurde der Meister deshalb nicht im Waldstadion, sondern im „Frankfurter Hof" – ohne Spielerfrauen. Deren Abwesenheit galt auch für die Rückreise im „Trans-Europ-Express (TEE) Helvetia". Hamburg stand Kopf: 20.000 am Bahnhof Dammtor, 100.000 an der Rothenbaumchaussee, die der Meister in VW-Cabrios entlang fuhr, 20.000 im Stadion Rothenbaum! „HA"-Kommentar: „Stürmischer haben vermutlich die Griechen ihre erfolgreich heimkehrenden Krieger auch nicht empfangen."

Tipps für „HSV-Hopper": Endspielort: heute Deutsche Bank Park; Meisterehrung: „Steigenberger Frankfurter Hof", Am Kaiserplatz; Mannschaftsquartier: „Radisson Blu Schwarzer Bock", Kranzplatz 12, Wiesbaden. Der „TEE" allerdings wurde 1979 ausrangiert …

Zahlen und Fakten

ERFOLGE

International
Europapokal der Landesmeister: 1983
Europapokal der Pokalsieger: 1977
UI-Cup-Sieger: 2005, 2007

National
Deutscher Meister: 1923, 1928, 1960, 1979, 1982, 1983 (Verzicht 1922)
DFB-Pokalsieger: 1963, 1976, 1987
Ligapokal: 1973, 2003

STATISTIK

Gründungsjahr: 29.9.1887 (SC Germania). Am 1.7.1919 bildeten der HSV 88 (als HFC 88 seit 1.6.1888), dem der FC Falke am 12.5.1919 beigetreten war, und Germania den Großverein HSV.

Mitglieder:
84.200 (17.8.2021), damit Nr. 1 in Hamburg, Nr. 9 in Deutschland, Nr. 19 weltweit

Willi Reimann li. und Torwart Rudi Kargus mit dem Europapokal der Pokalsieger (1977)

Rekorde im Fußball:
99 Spielzeiten erstklassig. Längste Bundesliga-Zugehörigkeit eines Gründungsmitglieds von 1963/64 bis 2017/18. Größte Zahl der Endrunden-Teilnahmen um die Deutsche Meisterschaft mit 32. Höchste Zahl der Regional-Meistertitel: 25-mal Norddeutscher Meister.

Zuschauerrekord:
10. Juni 1956, Volksparkstadion, 75.000 bis 77.500, Endrunde, 2:1 gegen den späteren Deutschen Meister Borussia Dortmund.

HSV Fußball AG:
Die Abteilung Fußballprofis wurde 2014 ausgegliedert.
Aktionäre: 75,1 % HSV e. V., 15,2 % Kühne Holding AG, 5 % CaLeJo GmbH, 4,6 % Kleinaktionäre

Fanclubs:
1 147, davon 298 in Niedersachsen, 277 in Schleswig-Holstein, 247 in Hamburg sowie 69 im Ausland, mit sieben die meisten in der Schweiz.

Stadion:
Volksparkstadion im Stadtteil Bahrenfeld. 1925 als Altonaer Stadion in der damaligen Nachbarstadt eröffnet. 1953 Neubau, Fassungsvermögen 76.000. 1998 bis 2000 Umbau zum reinen Fußballstadion. Heute 57.000 Plätze, davon 10.000 Stehplätze. Bei internationalen Spielen 51.500 Sitzplätze.
Umbenennungen: 2001 als erster Bundesligist Benennung nach einem Unternehmen in AOL Arena. 2007 HSH Nordbank Arena. 2010 Imtech Arena. 2015 bis 2023 dank Mäzen Klaus-Michael Kühne wieder Volksparkstadion.

Ein Plakat rollt durch die Stadt

Einst wurde der Fußgänger mit Botschaften „bombardiert": „Esst Fisch!", „Trinkt Sinalco", „Mit der HAPAG in die Nordseebäder" lauteten die auf Litfaßsäulen und Häuserwände geklebten Forderungen. Wer ein Produkt oder gar eine Ideologie verkaufen wollte, der setzte auf das Plakat.

So auch der HSV, der mit der örtlichen Konkurrenz um Zuschauer rang. Ein besonderer Clou gelang dem Verein im März 1924, als er die Idee eines mobilen Plakats hatte. Es wurde auf eine Holzkarre montiert und ließ sich durch die Straßen rollen, um für „Großkämpfe" zu werben. Auch Dank dieser innovativen Reklame kamen 13.436 Zuschauer an den Rothenbaum und sahen einen 6:1-Sieg über Holstein Kiel.

Mobil sein und auffallen! Die rollende Reklame für die Partie gegen Kiel

Das Muster jener Spielankündigungen ist im Kern bis heute gleich geblieben: Knappe Infos zur Partie und nach Möglichkeit die Klubfarben verwenden, um ein griffiges „Corporate Design" zu kreieren. Trotz moderner digitaler Möglichkeiten, welche die Werbung passgenau in die eigenen vier Wände bringt, hat das Plakat noch immer seinen Platz. Das weiß man beim HSV, aber auch bei der Konkurrenz.

Als man sich 2018 nach dem Abstieg in die Zweite Liga fragte, wo der neue Spielort Sandhausen denn überhaupt liege, ließ der Klub aus Nordbaden (acht Kilometer südlich von Heidelberg) acht Plakate am Hamburger Hauptbahnhof anbringen. Kosten: 3.500 Euro. Wirkung: unbezahlbar, denn am Tag darauf war die originelle Aktion in allen Medien präsent.

Der HSV Supporters Klub konterte später mit einem großen Plakat vor dem Sandhausener Bahnhof und lud die Sportfreunde aus der Kurpfalz zu einer Barkassenfahrt ein. Analog ist halt am Schönsten. (rk)

Ältestes Plakat mit HSV-Bezug: St. Georg verlor 1920 gegen den HSV 0:3.

Plakat von „Gebrauchsgraphiker" und Ex-Ligaspieler Otto Sommer (1905-1995) aus dem Jahr 1950: 13.000 ließen sich von seinem Entwurf locken und sahen ein 7:2 des HSV.

Barfuß-Spieler und alter Rotwein

Auf vier Kontinenten war der HSV unterwegs. Ausnahme Australien, wo allerdings die Ex-Spieler Markus Babbel, Maximilian Beister, Besart Berisha, Marco Kück, Alexander Meier, Nicolai Müller, Ville Matti Steinmann in der A-League aktiv waren.

Lukrative Auslandsgastspiele sind für den Zweitligisten vorerst passé. Es mag den Profis von heute recht sein, denn deren Vorgänger verbrachten z. B. Silvester 1971 in Asien und mussten der Einnahmen wegen in zwölf Tagen sechs Spiele absolvieren. Den gut honorierten HSV-Merdeka-Turnier-Gewinn in Kuala Lumpur (Malaysia) wollten Ende 1988 übrigens nur 900 Einheimische sehen.

Ganz anders war das 1972 beim 1:4 gegen die brasilianische Olympia-Auswahl in Porto Alegre, als 110.000 Zuschauer gezählt wurden! Vermutlich deswegen, weil anschließend die Nationalmannschaft auflief. Es gab viele Vergleiche der Hamburger gegen Nationalteams (so im November 1970 im Volkspark vor 19.000 Zuschauern gegen die UdSSR, 0:3).

Bereit für den Einmarsch auf Randalls Island in New York: Die sensationelle USA-Tournee des HSV, die der BRD die Olympia-Teilnahme 1952 und die Wiederaufnahme in die FIFA ermöglichte.

Erster deutscher Fußball-Klub in den USA: HSV-Abflug 1950. Es gab viele Spiele und endlose Bankette …

Eine der außergewöhnlichsten Begegnungen trug der HSV am 3. August 1952 im Billtal-Stadion von Bergedorf im Südosten Hamburgs aus. 15.000 Zuschauer sahen auf der Rückreise von den Olympischen Spielen in Helsinki die indische Fußball-Nationalelf. Und deren Akteure traten auf dem Grandplatz (!) teils barfuß an.

Ausland war ehemals auch die DDR. 1951 hatte der HSV eine Tour nach Ostdeutschland unternommen, die mit 65.000 Zuschauern im Bruno-Plache-Stadion von Meister Chemie Leipzig (2:2) einen Rekordbesuch erbrachte. Gegenbesuche stießen in Hamburg kaum auf Resonanz. Als Turbine Halle, der kommende Meister, im Rothenbaum-Stadion gastierte, wollten das nur 4.000 sehen (3:1). Das „Hamburger Abendblatt": „Beschämend. Der Gast hatte einen stärkeren Besuch verdient."

Als erster deutscher Verein unternahm der HSV fünf Jahre nach Kriegsende im Mai 1950 „the Good Will Tour" in die USA. Resultat: Der DFB wurde im selben Jahr wieder FIFA-Mitglied und die BRD konnte an den Olympischen Spielen 1952 teilnehmen.

Und erinnert sich noch jemand an FK Hebar Pazardzhik? Der damalige Tabellenführer der 2. bulgarischen Liga hielt sich in Norddeutschland im Trainingslager auf und trat am 11. Februar 1989 beim HSV am Rothenbaum an. „Bild" jubelte: „Ein Hauch von Europacup!" Den verspürten lediglich 1.200 Besucher. Immerhin brachten die bulgarischen Sportfreunde „drei Flaschen alten Rotwein" mit.

Wer die wohl ausgetrunken hat?

Gemälde von Eugen Denzel aus dem Jahre 1966

Halbnackt „Im Frühtau zu Berge"

Nach Hans Albers, Heidi Kabel, Helmut Schmidt ist 2022 mit Uwe Seeler auch Hamburgs letzter "Lokalheiliger" verstorben: am 21. Juli im Alter von 85 Jahren nach langjährigen gesundheitlichen Problemen im Kreis seiner Familie zu Hause in Norderstedt. Als erster Sportler erhielt Seeler 1970 nach 72 A-Länderspielen das Bundesverdienstkreuz, wurde 2003 Ehrenbürger. Und war 1960 erster „Fußballer des Jahres".

„Uns Uwe" (vom plattdeutschen „Us Uwe" der Eltern), Hamburg, HSV sind eins: Paradebeispiel für Bodenständigkeit und Vereinstreue. Ein eine Mio.-DM-Angebot von Inter Mailand lehnte er 1961 ab. Wohl eher nicht wegen eines Offenen Briefs des Dekans der Uni Hamburg, Dr. Helmut Thielicke. Der schrieb, Seeler solle als „leuchtendes Fanal" für die deutsche Jugend „der Versuchung widerstehen". Dem grundsoliden Torjäger lag vermutlich näher, dass er eine adidas-Vertretung erhielt und auf dem Vereinsgelände Norderstedt-Ochsenzoll einen Bungalow errichten durfte.

Uwe konnte sich auch anderweitig vermarkten: Für „Hattric Aftershave" pfiff er halbnackt „Im Frühtau zu Berge", besaß die Caltex-Tankstelle Bramfelder Chaussee 219 (Denkmalschutz!). Und warb für „Katinchen"-Lakritz, „Sprengel-Schokolade", „Knorr Suppen" etc..

Das 1936 geborene jüngste von drei Kindern von Erwin (fußballerischer Haudegen mit vielen Meriten) und Anni stammte aus „einfachen Verhältnissen". Im Eppendorfer Arbeiterviertel, heute Winzeldorfer Weg 16, lebten im Mietshaus neben Ewerführer bzw. Stauerviz Seeler aus dem Hafen u. a. Maschinenschlosser und Kraftfahrer.

In dem Stadtteil war der Junge Straßenfußballer und Volksschüler, heiratete in St. Johannis Ilka geb. Buck, eine HSV-Handballerin (Diamantene Hochzeit 2019, drei Töchter).

1946 hatte „Vadder" Seeler die Söhne Dieter und Uwe beim HSV angemeldet. Letzterer, genannt „der Dicke" (HSV) oder „Mäuschen" (Ilka), legte eine Blitzkarriere hin. Mit 16 mit der Liga aktiv (Freundschaftsspiel), mit jeweils 17 im Jahr 1954 FIFA-Jugendturnier (13 von 20 Toren), im selben Alter dank DFB-Sondergenehmigung Liga- und Nationalmannschaft-Debüt.

Der Weltklasse-Mittelstürmer wurde rasch zum Idol. Auch die HSV-Präsidentschaft 1995 bis 1998 („Uwe und die falschen Freunde") konnte Seelers Nimbus nichts anhaben. Der Vorschlag von Mäzen Kühne, das Stadion im Volkspark nach dem Tod des Idols nach Uwe Seeler zu benennen, wurde von zahlreichen Fans unterstützt. Vor den Toren der Spielstätte gibt es seit 2005 „sein Denkmal", den Uwe Seeler-Fuß.

Uwe als Vermarktungsprofi

Familiengeschichten

Am 7. Januar 2022 wechselte der damals Corona-geplagte FC Bayern in der Bundesliga erstmals den 17-jährigen Lucas Copado ein. Copado? War da nicht was mit dem HSV?

Richtig: Vater Francisco Copado, genannt „Paco", Deutsch-Spanier, gebürtiger Kieler, war von 1992 bis 1996 Profi in Hamburg. Und später u. a. beim zeitweiligen Bundesligisten SpVgg Unterhaching, wo er die Tochter Eva des dortigen Klub-Mäzen und Bauunternehmers Anton „Toni" Schrobenhauser (1955–2022) ehelichte. Der vollständige Name des Jung-Talents beim Deutschen Meister lautet denn auch Lucas Fernando Copado Schrobenhauser.

Aber das ist noch nicht alles: Der Onkel des Youngsters ist Hasan Salihamidzic, genannt „Brazzo", heute Sportdirektor der Bayern. Und noch einer mit HSV-Vergangenheit: Mit 15 Jahren kam er als Flüchtling aus Bosnien nach Hamburg, stand dort von 1995 bis 1998 unter Vertrag, ehe er Stammspieler bei den Bayern wurde. Seine Ehefrau Esther, Schwester von Francisco Copado, ist folgerichtig die Tante des Jung-Profis.

We are family: Fast wäre beim HSV auch die Geschichte von Vater und Sohn in einer erstklassigen Liga-Mannschaft zustande gekommen!

Beim HSV war man nahe dran. Mannheims Ex-Nationalspieler Karl Höger (1897–1975) kam 1943 als Trainer. Doch da hatte Torhüter Karl-Heinz Höger (1922–2009) den Klub bereits verlassen.

Dennoch hat sich ein Höger in die HSV-Annalen eingeschrieben: Der 47-jährige Karl bestritt im Februar 1945 noch zwei Spiele auf Linksaußen – und ist damit ältester HSV-Liga-Spieler aller Zeiten!

Weitere HSV-Familien-Dynastien: „Vadder" bzw. „Old Erwin" Seeler (1910–1997) wurde im Arbeitersport mit dem SC Lorbeer Bundesmeister (= Deutscher Meister). Via SC Victoria dockte er 1938 beim HSV an. Sohn Dieter (1931–1979) war mit einer Unterbrechung (Altona 93) HSVer, Bruder Uwe (1936–2022) sowieso. Dessen Enkel Levin Öztunali (geb. 1996), Sohn von HSV-Scout Mete und

Frauke geb. Seeler, verließ den HSV 2013 und spielt derzeit beim 1. FC Union Berlin. Saskia, Tochter von Dieter und Helga (†), ist Ehefrau von HSV-Ex-Profi Michael Schröder.

Einiges in die Waagschale kann die Dörfel-Familie werfen. Friedo (1915–1980) agierte lange für den HSV, seine Söhne Gert (geb. 1939) und Bernd (geb. 1944) wurden ebenso Nationalspieler wie der Vater Friedo. Dessen Bruder Richard (1911–1965) war 17 Jahre HSVer.

Josef „Jupp" Posipal (1927–1997), dem Weltmeister von 1954, folgte Sohn Peer (geb. 1962) nach. Dem offerierte HSV-Trainer Zebec einen Profivertrag, doch befand der Vater, dass das Abitur Vorrang hätte. Posipal jun. verbrachte etliche Jahre bei Eintracht Braunschweig – und in der Möbelhandelsagentur des Seniors. Peers Sohn Patrick (geb. 1988) gehörte bis 2006 der HSV U 21 an.

Der langjährige Bundesliga-Keeper Richard Golz (geb. 1968), 273-mal im HSV-Tor, hatte sein Abitur am Heidberg-Gymnasium Langenhorn bestanden wie auch Sohn Jakob (geb. 1998). Der Torhüter verließ die HSV-U 21 (derzeit Rot-Weiss Essen). Vater Richard ist Business Unit Manager „Sports" bei einer Unternehmungsberatung sowie sportlicher Leiter bei Altona 93 (5. Liga).

Drei Nationalspieler aus einer Familie: v. l. Bernd, Friedo und Gert Dörfel im Stadion Rothenbaum.

AHA!

Das Phantom-Spiel

In der Statistik der bis 1963 bestehenden Oberliga Nord wird die Begegnung des HSV gegen den VfL Osnabrück am letzten Spieltag, 30. April 1961, wie folgt registriert: 2:0 Punkte bei 0:0 Toren für die Gäste von der Bremer Brücke.

Aufstellungen, Torschützen, Zuschauerzahl wird man vergeblich suchen.

Denn dieses Spiel fand nie statt!

Jener sonntägliche Termin passte überhaupt nicht ins HSV-Konzept: Drei Tage später, am Mittwoch, stand die dritte und entscheidende Europacup-Halbfinal-Begegnung mit dem FC Barcelona in Brüssel an.

Der HSV verzichtete, der Norddeutsche Fußball-Verband (NFV) segnete dies ab, daher die kampflose Niederlage. Eine einmalige Absage pro Saison war möglich. Bundestrainer Herberger begrüßte dies. Wollte er doch eigentlich bereits am 2. Mai in der Sportschule Duisburg-Wedau in der Vorbereitung zum WM-Qualifikationsspiel gegen Nordirland fünf HSVer begrüßen.

Im Mai 1961 allerdings entschied die NFV-Jahreshauptversammlung auf Initiative von Werder Bremen, dass in Zukunft kein Verzicht mehr möglich sei. Werder war wegen des Hamburger Europacup-Engagements bereits früher zu einem Nachholspiel gegen den HSV am 2. Weihnachtsfeiertag 1960 „verurteilt" worden. „Warum sollten ausgerechnet wir helfen?", hieß es. Der überhaupt nicht involvierte FC St. Pauli schloss sich diesem Protest an.

Von wegen kampflos: Im norddeutschen Pokalendspiel 1959 vor 10.000 am Rothenbaum gegen den VfL Osnabrück treibt „Hoddel" Dehn das Leder voran, dahinter Gert Dörfel (Endstand 4:2).

Gefeiert wurden Pro-Flutlicht-Demonstranten im Volksparkstadion, die als sogenannte Halbstarke zeitweise sogar in Schlafanzügen (!) auftraten. „Nachtspiele" waren erst möglich, als der Europacup längst vorbei war ...

Als Hamburg kein Licht aufging

Dass die Mühlen in der zweitgrößten deutschen Stadt langsamer mahlen, dürfte bundesweit spätestens nach dem „Millionengrab" Elbphilharmonie (866 Mio. € statt 77 Mio. €) mit Konzertsälen für lediglich 2.100/550/170 Personen bekannt sein.

Im Sommer 1960 war man sich in der Hamburger Bürgerschaft noch einig: Deutscher Meister HSV, Europacup-Teilnahme – und die Bundesliga würde kommen. Einstimmiger Beschluss: Flutlichtanlage fürs Volksparkstadion!

Als die Hamburger Regierung (SPD/FDP) nachrechnete, gab es erst einmal kein Flutlicht. Trainer Albert Sing vom EC-Gegner Young Boys Bern: „Unverständlich für eine Weltstadt!"

Derselben Ansicht waren auch sogenannte Halbstarke, die in Schlafanzügen auf die Aschenbahn des Stadions drängten, gefeiert für ihr Transparent „Wir wollen Flutlicht!" Es stand sogar zur Debatte, Heimpartien beim FC St. Pauli auszutragen (dessen neues Stadion noch gar nicht fertig war!).

Als Bonmot sei der 2. Bürgermeister Edgar Engelhard (FDP) zitiert: „Der Mensch pflegt ja gelegentlich zu Abend zu essen! 19.30 oder 20 Uhr kommen die Leute zu Flutlichtveranstaltungen in eine ziemlich dunkle Gegend. Ist es denn so attraktiv, vielleicht um 23 Uhr wieder im Hause zu sein?"

Die Einweihung der Anlage vollzog schließlich 1961 – der Europacup war längst vorbei, als weiteres Beispiel Hamburger Kleingeisterei – Altona 93. Weil das Volksparkstadion im Bezirk Altona lag.

Galgen ohne Humor

Es waren HSV-Europacup-Spiele 1960/61, die Fußball-Deutschland elektrisierten. Der Traditionsverein genoss große Sympathien, auch wegen Uwe Seeler. Und war gegen den englischen Meister (!) Burnley FC weitergekommen.

Halbfinalgegner „Barca" war gespickt mit Weltstars, auch, weil nach dem Ungarn-Aufstand 1956 Sándor Kocsis (WM-Torschützenkönig '54), Zoltán Czibor (WM-Finale '54) und zuvor als Flüchtling László Kubala (Nationalspieler für die ČSR, Ungarn, Spanien!) in Katalonien angekommen waren.

Uwes Bruder Dieter, der unermüdliche Rackerer, hatte sich zuvor beim Punktspiel am Rothenbaum gegen Concordia bei einem unglücklichen Zusammenprall mit Peter Beckmann (Ex-HSV) das Bein gebrochen. Er fehlte also im Rückspiel, in das der HSV am 26. April mit einem 0:1 aus dem Camp Nou ging.

Die ARD übertrug nach der Eurovisions-Fanfare live, die Straßen nicht nur in Hamburg waren menschenleer: „Nur ein paar alte Damen streunten über den geräumigen S-Bahn-Perron im Hauptbahnhof" („Der Spiegel").

Bereits beim Burnley-Spiel waren 8.000 Arbeiter der Kieler Howaldt-Werft des TV-Fußballs wegen beim „Wilden Streik" eine Stunde vor Schichtende gegangen, nachdem zuvor die Geschäftsleitung belagert und sogar ein Galgen

Entscheidungsspiel in Brüssel: Jürgen Werner (l.) gegen Barcelonas Suarez

Herausragender Schlussmann der Barcelona-Trilogie: Horst Schnoor

Gerd Krug gratuliert nach dem Ausscheiden im EC-Entscheidungsspiel 1961 dem Brasilianer Evaristo (FC Barcelona). Im Hintergrund Neisner (l.) und Werner

aufgestellt worden war. Auch anderswo hieß es: „Erst kommt das Leben, dann die Arbeit." Die Springer-Presse urteilte: „Wo kommt die Wirtschaft hin, wenn das einreißt!"

Als der Corona-Virus 2020 den Fußball-Spielbetrieb lahm legte, stellte der NDR jenes EC-Rückspiel von 1961 noch einmal ins Netz. Reporter war der legendäre Herbert Zimmermann. Dank Peter Wulf und Uwe führte der HSV vor 71.000 Zuschauern mit 2:0, das Endspiel im Wankdorf-Stadion Bern war ganz nah. Seeler wollte einen Querpass auf „Micky" Neisner spielen, den Kubala abfing und auf Kocsis flankte, der neun Sekunden vor dem Abpfiff das 2:1 erzielte. Woraus eine dritte Partie resultierte. Seeler im Rückblick: „Ich hatte keine Ahnung, dass nur noch zehn Sekunden zu spielen waren."

Das Entscheidungsspiel im Brüsseler Heysel-Stadion verlor der HSV 0:1.

Gute Luft im Versteck

Deutschlands einzige Hochseeinsel Helgoland mit jährlich 350.000 Besucherinnen und Besuchern ist von Hamburg aus per Katamaran in 3:45 Std. oder mit dem Flugzeug ab Heide/Büsum in 20 Minuten erreichbar. Dennoch existiert die langjährige Bande HSV/Helgoland nicht mehr.

„Großartiges Klima, Sonneneinstrahlung und Heilfaktoren des Meeres" bewogen HSV-Mannschaftsarzt und Inselkrankenhaus-Chef Dr. Kurt Fischer, ein Sport-Heilzentrum einzurichten. Der erste Patient (Meniskus-Operation) war „World-Cup-Willi" Schulz, zu dessen Narkose-Behandlung Werder Bremens Präsident Dr. Franz Böhmert mit einer Cessna einflog.

Bereits 1957 hatte der Hamburger Senat dem HSV einen Insel-Ausflug spendiert. Gelegentliche Trainingslager in den 1960er und 1970er Jahren wurden zu Spielen gegen den VfL Fosite genutzt, „auf einem roten Grandplatz in Staubwolken".

Die isolierte Insel-Lage nutzte der Bundesligist auch anderweitig, denn dort waren Neuzugänge vor den Angeboten der Konkurrenz sicher. 1965 unterschrieben auf Helgoland Willi Schulz, Egon Horst (beide Schalke 04) und Manfred Pohlschmidt (Preußen Münster). „Schorsch" Volkert (1. FC Nürnberg) samt Frau versteckten sich 1971 im Inselkrankenhaus, ehe der Vertrag am 1. Mai, eine Minute nach Mitternacht, geschlossen wurde.

Was die erwähnten Heilfaktoren angeht: Helgoland-Liebhaber Dr. Kurt Fischer wurde 101 Jahre alt.

1972: Dr. Kurt Fischer (l.), neben ihm Memering, Willi Schulz (den er auf der Insel am Meniskus operierte), Trainer Ochs und Masseur Kimmig.

Vom Pausenfüller zum Zuschauermagneten

Als HSV-Mannschaftskapitän Dieter Seeler am 14. August 1963 die Trophäe in die Höhe streckte, dürfte er kaum geahnt haben, dass sich unter dem DFB-Logo ehemals das Hakenkreuz befand. Denn der „Tschammer-Pokal" (benannt nach dem Reichssportführer) war erstmals 1935 ausgespielt worden.

1953 wurde er als DFB-Vereinspokal wiederbelebt, war aber eher ein Stiefkind. Das traf 1956 auch den HSV: Lediglich fünf Vereine nahmen teil. Der Süden nominierte ohne Weiteres Titelverteidiger Karlsruher SC, der hatte auch noch Heimrecht und gewann im Wildpark 3:1 gegen Hamburg.

Pokalgewinn 1963: Dieter Seeler nimmt die Trophäe, nun mit DFB-Emblem statt Hakenkreuz, entgegen (links DFB-Präsident Gösmann).

Als alles auf den Start der Bundesliga am 24. August 1963 wartete, diente der DFB-Pokal als Überbrückung der Sommerpause.

Beim HSV schied Nationalspieler Jürgen Werner, noch im Pokal dabei, aus: „Ich und Profi? Niemals!" Dafür konnte sein Klub Neuzugänge einsetzen: Wilhelm Friedrich (Fritz) Boyens von Holstein Kiel, späterer Jurist und „Chairman der größten deutschen Personalberatung". Und Willi Giesemann, Schmied aus dem niedersächsischen Sülfeld, den man von Bayern München zurück in den Norden holte – wo er als Wandsbeker Gastwirt des „Schinkenkrug" heimisch wurde.

Gegen Borussia Dortmund gewann der HSV das Pokal-Endspiel 1963 mit 3:0 (alle Tore: Uwe Seeler). 70.000 kamen an einem Mittwoch ins Niedersachsenstadion Hannover: Das war Rekord! Der DFB-Pokal kam also doch noch in die Gänge.

Der Jubiläums-Hattrick des Peter Wulf

„Torfabriken" betrieb der HSV im Laufe der Jahre so einige. So wurde insgesamt elfmal binnen einer Punktspiel-Saison die magische Marke von 100 Toren geknackt: Erstmals durften die Anhänger 1927/28 in der Alsterstaffel der Bezirksliga dreistellig jubeln (101 Treffer), allein sechsmal zwischen 1947 und 1963 in der Oberliga Nord, darunter 1950/51 über den ewigen Rekord von 113 Toren.

Auf die letzten drei Oberliga-Spielzeiten und den jeweiligen Schützen des Jubiläumstreffers Nr. 100 lohnt ein genauerer Blick: 1961, zum 1:0 beim 2:0 bei Hannover 96: Peter Wulf. 1962, zum 4:1-Endstand gegen Hildesheim: Peter Wulf. Und 1963 zum 1:0 beim 1:3 gegen Hannover – 96-Torwart Dieter Meyer hätte es eigentlich ahnen können: Wieder Peter Wulf! Was für ein sensationeller Hattrick!

Im 1963 eingeführten Profi-Fußball lief dann das HSV-Fließband etwas langsamer. Am dichtesten dran an der 100 war man in der Meistersaison 1981/82 als Hrubesch, Hartwig, Bastrup & Co. zusammen 95-mal ablieferten.

Doch halt! Die Wulf-Story hält auch noch eine Bundesliga-Arabeske bereit, denn der schlaksige Stürmer ging als einer von 15 HSVern des letzten Oberliga-Kaders von 1962/63 auch den Weg in die neue Eliteklasse mit. Und wer erzielte dort im 47. Punktspiel des HSV, am 2. Januar 1965 beim 4:1-Heimsieg über Hertha BSC, das 100. Jubiläumstor des HSV? Na? Einmal dürfen Sie raten! … Genau! (bjt)

Die Torfabriken des HSV

1927/28, Bezirksliga (Alsterstaffel); 101 Tore	1949/50: Oberliga Nord: 101
1937/38, Gauliga Nordmark: 103	1950/51, Oberliga Nord: 113
1940/41, Bereichsliga Nordmark: 104	1954/55, Oberliga Nord: 108
1944/45, Gauklasse Hamburg: 100	1960/61, Oberliga Nord: 101
1946/47, Hamburger Liga: 101	1961/62, Oberliga Nord: 100
	1962/63, Oberliga Nord: 100

Das Phantom-Tor des Ernst Kreuz

Arne Larsen Økland 1981, Thomas Helmer 1994, Stefan Kießling 2013 – Schützen legendärer „Phantom-Tore" der Bundesliga-Geschichte. Ein weniger bekanntes Exemplar zu dieser Rubrik kann auch der HSV besteuern. Und anders als die „Tore" der beiden Leverkusener und des Münchners, die regelwidrig via Außennetz oder gar nicht ihren Weg in den Kasten fanden, wurde dieses am 7. Dezember 1963 von Ernst Kreuz einwandfrei erzielt.

Dennoch: Den erfolgreichen Flachschuss aus der 32. Spielminute sucht man heute vergeblich in den Chroniken. Verschollen im Statistik-Nirwana. Buchstäblich verschluckt, denn die HSV-Partie des 14. Spieltags gegen Borussia Dortmund versank in einer dichten Nebelsuppe, die jedem der damals äußerst populären Edgar-Wallace-Streifen zur Ehre gereicht hätte.

Die 55.000 Zuschauer in der „Waschküche Volksparkstadion" skandierten: „Aufhören, Aufhören!". Als auch bei Schiedsrichter Günter Sparing aus Kassel der Durchblick schwand und er seine Linienrichter nicht mehr entdecken konnte, beendete er nach 61 Minuten beim Spielstand von 1:2 aus HSV-Sicht den Spuk – der erste von bis heute nur acht Spielabbrüchen der Bundesliga-Geschichte. Drei weitere dieser Partien endeten aus Witterungsgründen vorzeitig (1967 und 1972 ebenfalls wegen Nebels, 2008 wegen Starkregens), drei wegen Zuschauer-Ausschreitungen mit Flaschen- bzw. Bierbecherwürfen (1976, 2011 und 2022) und eine wegen eines Pfostenbruchs (1971, auf dem Gladbacher Bökelberg). Alle Ereignisse des nebulösen Kicks wurden annulliert, neben dem Kreuz-Tor auch die Borussen-Treffer von Franz Brungs und Lothar Emmerich. Der Ärger des HSV-Torschützen darüber dürfte nicht allzu groß gewesen sein, denn die 14 Tage später bei guter Sicht aber nun auf knöcheltiefem Schnee angesetzte Wiederholung gewannen die Platzherren 2:1. Uwe Seeler kam mit den erneut irregulären Bedingungen am besten zurecht und traf doppelt. (bjt)

Letztmals: „Die Helden von Bern"

Die Bedeutung des ersten WM-Gewinns der Nationalmannschaft muss man hier nicht wiederholen: 4. Juli 1954, 3:2 gegen den Favoriten Ungarn in Bern.

Jene „Helden von Bern" haben – was kaum bekannt ist –, außer „Jupp" Posipal vom HSV, der aus gesundheitlichen Gründen fehlte, nur noch einmal zusammen Fußball gespielt, aus einem traurigen Anlass. Denn am 16. Dezember 1968 kamen der 29-jährige Bundesliga-Spieler Jürgen Moll (Eintracht Braunschweig) und seine Ehefrau Sigrid bei einem Verkehrsunfall infolge schneeglatter Fahrbahn auf der A 7 bei Evendorf ums Leben. Die Töchter Alke und Caroline waren damit Vollwaisen.

Obwohl Moll nie Nationalspieler war, entschied Alt-Bundestrainer Sepp Herberger: „Jürgen ist eine Ausnahme wert." Und versammelte am 14. April 1969 noch einmal die WM-Elf (sowie Herbert Erhardt, Horst Szymaniak) zu einem Benefizspiel gegen eine Promi-Auswahl (1:0). Zudem trat im Stadion an der Hamburger Straße eine Kombination Braunschweig/96 gegen eine Bundesliga-Auswahl mit Uwe Seeler an. Das mit 21.000 ausverkaufte Haus erbrachte einen Erlös von 120.000 DM.

Jürgen Moll, erst Torjäger, dann offensiver Außenverteidiger, hatte ehemals auch Kontakte zum HSV, da er in Hamburg eine Zeit lang Volkswirtschaftslehre studierte, doch kam ein Wechsel nicht zustande.

Aus traurigem Anlass reaktivierte Sepp Herberger 1969 noch einmal die WM-Elf von 1954.

AHA!

Izmir? – Nie gesehen!

Zu den rätselhaftesten Episoden der HSV-Geschichte gehört der Verzicht auf das Viertelfinale im Vorläufer des UEFA-Cups, dem Messepokal 1969.

Walter Baresel (Concordia Hamburg), eine gewisse Berühmtheit dank der Mitwirkung bei DFB-Pokal-Auslosungen im Fernsehen: „Ich habe den HSV (Anm.: Bundesliga-Sechster) mit Ach und Krach in den Wettbewerb gebracht."

Nächster Gegner wäre aus der Türkei Göztepe aus Izmir gewesen (doppelt so groß wie Hamburg). Aber die HSVer samt ihrem türkischen Torhüter Özcan Arkoc (1939-2021) gelangten nie dorthin. Sahen weder Uhrenturm, Burg, Moscheen noch Basare.

„Wir sind den Zirkus satt!", erklärte der HSV. Und stieg aus. Denn in Mitteleuropa war seinerzeit Winter und, Ältere werden sich erinnern: es fiel Schnee! Es standen für den Klub drei Bundesliga-Nachholspiele an, dazu ein Pokalspiel gegen Bayern München.

Die UEFA schlug vor: Eine Viertelfinalpartie würde genügen. Erneut waren die HSV-Verantwortlichen widerspenstig: Man wollte das Honorar in D-Mark und nicht in türkischer Lira. Fernsehgelder waren seinerzeit nicht zu erwarten, auch keine große Besucherzahl (Messe-Pokal-Heimspiele bis dahin im Schnitt 9.500).

Also ging Izmir kampflos weiter und schied im Halbfinale mit insgesamt 1:8 Toren gegen Újpesti Dosza Budapest aus.

Eine Begegnung HSV – Göztepe Izmir hat bis heute nicht stattgefunden.

Der türkische Nationaltorwart Özcan Arkoc

Raus ohne Applaus

Schon Ende September 1919 wurde die HSV-„Sünderkartei" angelegt, als Halbstürmer Kalle Schneider „in der Hitze des Gefechts" des Auswärtsspiels beim SC Victoria vom Feld geschickt wurde. Bis zum Sommer 2022 ist das Register auf insgesamt 194 Platzverweise in Pflichtspielen (33 mündliche Hinausstellungen, 87 Rote und 74 Gelb-Rote Karten) angewachsen. Einige Spieler wurden mehrfach aktenkundig: Den dicksten Ordner produzierte Sergej Barbarez mit sechs Feldverweisen, gefolgt von Stefan Schnoor und David Jarolim (je 5).

Premieren: Als erster HSV-Bundesliga-Profi kassierte Jürgen Kurbjuhn einen Platzverweis, als er 1964 in Neunkirchen „ein halbes Dutzendmal die sportliche Kinderstube vergaß" und „rücksichtslos dazwischenfuhr" („Sport-Magazin"). Klaus Winkler bekam 1972 in Hannover wegen permanenten Moserns als erste Rothose die neu eingeführte Rote Karte gezeigt. Und für Dietmar Beiersdorfer schaltete die Ampel 1991 zunächst auf Gelb, dann auf Rot, so dass seine wilde Fahrt gegen die Stuttgarter Kickers bereits nach 58 Minuten endete.

Spektakuläre „Fälle": Wolfram Wuttke spuckte 1983 in Düsseldorf Peter Löhr ins Gesicht und wurde wegen „grober Verletzung der Menschenwürde" für sechs Wochen gesperrt. Bundesliga-Debütant Martin Zafirov wurde 1997 in Wolfsburg zur Pause eingewechselt, in der 87. Minute nach grobem Foul vom Platz gestellt und danach nie wieder eingesetzt. Paolo Guerrero grätschte 2012 Stuttgarts Torwart Sven Ulreich mit exakt gemessenen 56 Metern Anlauf im Vollsprint mit 31,28 km/h an der Eckfahne (!) um und kassierte vom DFB eine achtwöchige Sperre. Toni Leistner wurde 2020 nach seinem HSV-Pflichtspiel-Debüt, dem DFB-Pokal-Spiel in seiner Heimatstadt Dresden, mit einer Spielsperre plus Geldstrafe belegt, weil er nach Spielschluss während eines laufenden TV-Interviews auf die Tribüne stürmte und sich dort einen Zuschauer zur Brust nahm, der ihn und seine Familie zuvor übel beleidigt hatte. Gerade „entsperrt", sah der Verteidiger viereinhalb Wochen später in Fürth, bei seinem ersten Punktspiel-Einsatz, nach einer Notbremse erneut Rot. (bjt)

Der beste Scout

Früher hießen „Scouts" einfach nur Talentsucher. Davon gab es in den 1970er Jahren nur Wenige.

Der Erfolgreichste in diesem Metier beim HSV hieß Gerhard Heid, ein Rheinpfälzer, Experte im Jugendfußball. HSV-Präsident Dr. Horst Barrelet engagierte ihn angesichts der überalterten Bundesliga-Mannschaft 1970.

Wen brachte Heid aus der Provinz nicht alles an Youngstern nach Hamburg: Manfred „Manni" Kaltz, Torhüter Rudi Kargus, Caspar „Cappi" Memering, Peter „Chita" Hidien, Peter Krobbach, „Flanken-Kurt" Eigl u. v. a. m. Sie stammten aus Orten wie Neuhofen, Bockhorst oder Reilingen. Dazu kamen gestandene Profis wie „Schorsch" Volkert und Ole Bjørnmose.

Ruhe- und rastlos war der Jugend-Manager für den HSV unterwegs. „Bravo Heid!", riefen Fans, wenn der kleine, hagere Mann an ihnen vorbeihastete. Überarbeitet, erschöpft, abgemagert, verfolgte der den Verein sogar noch vom Krankenbett aus. Im Alter von 36 Jahren erlag Gerhard Heid in der Universitäts-Klinik Eppendorf in Hamburg 1972 einem Herzinfarkt.

Das „Hamburger Abendblatt" später: „Die Anstellung von Heid war die beste Investition, die der HSV einging. Die Zinsen haben sich millionenfach niedergeschlagen, wenn man an den heutigen Kurswert der Spieler denkt."

Und als der HSV 1977 den Europacup der Pokalsieger gewann, rief Ex-Präsident Barrelet aus: „Vergesst nicht Gerhard Heid!"

Aufgeopfert für den HSV: v. l. Talentsucher Gerhard Heid neben Trainer Ochs und Kaltz (noch in der Trainingsjacke von TuS Altrip)

Trikot-Tausch und -Pannen: HSV gegen HSV

1974 durfte Eintracht Frankfurt im Rheinstadion Düsseldorf nach einem 3:1 n. V. gegen den HSV über den DFB-Pokalsieg jubeln. Kapitän Jürgen Grabowski (1944–2022) stemmte die Trophäe in die Höhe – und trug, da bereits mit „Ditschi" Ripp (1946–2021) getauscht, das HSV-Trikot, beflockt mit Campari-Werbung. Remington, eigentlicher Eintracht-Sponsor, geriet in helle Aufregung, weshalb sich „Grabi" rasch umziehen musste.

Campari immerhin schickte Getränke an den Main.

Als 1971 am Samstag, 15.30 Uhr, die ehemals übliche Anstoßzeit, die Nord-Rivalen HSV und Werder Bremen aufeinander trafen, trug der Gastgeber traditionsgemäß weiße Trikots und rote Hosen. Die Bremer dagegen ihre neuen „Speckflaggen-Hemden", rot-weiß längs gestreift.

Der für Fernsehbilder zuständige NDR intervenierte und Schiedsrichter Walter Eschweiler, Diplomat im Auswärtigen Amt in Bonn, ließ zur Pause in der Bremer Kabine keine Diskussionen zu: „Zweimal Rot-Weiß gibt es unter Flutlicht nicht mehr. Oder wollt ihr richtig Ärger?" Bremens Profi „Kalli" Kamp (361 BL-Spiele) 2021 im „kicker": „Wir haben das akzeptiert. Unter uns Fußballern vom HSV und Werder gab es nie Probleme, es ging immer sportlich und menschlich zu." So spielte Werder die 2. Halbzeit in blauen HSV-Auswärts-Trikots mit weißen Ärmeln (und unterlag 1:2).

Ein weiteres Kapitel schrieb bei seinem Bundesliga-Debüt am 3. September 1994 Schiri Rainer Werthmann (Iserlohn). HSV wie Karlsruher SC trugen blau-weiß. Die Gastgeber präsentierten sich im zweiten Durchgang deshalb in roten Trikots – und gewannen nach 0:1-Rückstand zur Pause dank Toren von Stefan Schnoor, Albertz und Letchkov 3:1.

Mit selbst verschuldet hatte der HSV zwei Trikot-Pannen. Wobei die eine niemanden auffiel, auch nicht dem Betroffenen: Jan *Gyamerah* wurde am 17. November 2020 beim 1:1 in Kiel in der 2. Liga durch die falsche Beflockung auf dem Rücken als *Gaymerah* ausgewiesen. Immerhin brachte die online-Auktion der Spielkleidung 3.888 Euro ein, die dem „Hamburger Weg" zugute kamen.

Dass der Klub zu Saisonbeginn 2021/22 in sechs Pflichtspielen ausschließlich in Heimtrikots auflief, lag an Ausrüster adidas und offensichtlich mangelnder Kommunikation. Bis ins fränkische Herzogenaurach schien sich nicht herumgesprochen zu haben, dass der HSV bereits 2020 den Trikotsponsor aus Dubai gewechselt hatte. Also wurde der neue blau-schwarze Auswärts-Dress mit der Aufschrift „Emirates FLY BETTER" in den Volkspark geliefert. Erst am 28. August 2021, am 5. Zweitliga-Spieltag, kam „Orthomol" in Heidenheim wieder zum Einsatz.

Richtiger Pokal, falsches Trikot! Jürgen Grabowski im Campari-HSV-Jersey

Beabsichtigt war dagegen im Samstagabend-Spiel am 30. Oktober 2021 vor fast 40.000 im Heimspiel gegen Kiel (1:1) die Trikot-Namensgebung für Heya (= Moritz Heyer) und Meffort (= Jonas Meffert): Der HSV wollte damit auf drei Mio. Menschen aufmerksam machen, die von einer Lese- und Rechtschreib-Störung betroffen sind.

Diese im deutschen Fußball einmalige Aktion fand über Hamburg hinaus große Anerkennung. (sky/bjt)

POPULÄRER IRRTUM

Trauriger Abschied des Rekordmanns

Nein, nicht Uwe Seeler ist der Rekordspieler des HSV.

Der heißt Manfred Kaltz. In zwei Jahrzehnten, mit Unterbrechung, machte er 581 Bundesliga-Spiele. Und gewann alle HSV-Titel seit Gründung der höchsten Spielklasse.

Insofern ein Tiefpunkt der Vereinsgeschichte, dass ihm unter Präsident Hunke kein Abschiedsspiel zuteil wurde.

Maschinenschlosser Kaltz stammt aus Neuhofen, Vorderpfalz. Er darf als Straßenfußballer gelten, auch wenn sein Terrain Wiesen am Ortsrand und beim Baggersee waren. Mit 15 wechselte er zum nahen TuS Altrip. Dort gab es einen Mäzen sowie den Abteilungsleiter Gerhard Heid (s. S. 35).

Bei wiki wird Manfred Kaltz heute weder in Neuhofen noch in Altrip in der Rubrik „Söhne der Gemeinde" aufgeführt. Geboren wurde er nämlich am 6.1.1953 in Ludwigshafen am Rhein. Die Altriper A-Jugend erreichte 1970 das Endspiel um die Deutsche Meisterschaft (2:3 gegen Hertha Zehlendorf). Zwei Amateur-Vereine: Heute undenkbar!

Heid ging aus der Provinz nach Hamburg – und Kaltz ging mit. Der damalige Pfälzer Vorzeigeverein Kaiserslautern kam zwei Wochen zu spät. Der Jugendliche hatte Hamburg vorher kennengelernt, als in der erwähnten Endrunde Altrip bei Concordia Hamburg 6:2 gewann.

Manfred Kaltz, der laut Magazin „11 Freunde" in einem verrosteten VW die Großstadt ansteuerte, wurde bei einer Gastfamilie untergebracht. Er war noch A-Jugendlicher, spielte bei den HSV-Amateuren und rückte 1971 als offensiver Rechtsverteidiger zu den Profis auf. Es folgten die erwähnten 581 Spiele. Dazu 53 verwandelte Strafstöße, nach wie vor Liga-Rekord! Sowie 69 A-Länderspiele, Europameister 1980. Rücktritt aus der Nationalmannschaft 1983 nach Differenzen mit Bundestrainer Derwall.

1989 verweigerte Trainer Willi Reimann dem „Schweiger" („Bild") und Schöpfer der „Bananenflanke" einen längeren Vertrag. Mit der Vermutung, „zwei schöne Jahre in Frankreich zu verbringen", wechselte Kaltz erst nach Bordeaux, dann zum Erstligisten FC de Mulhouse ins Elsass.

Unter Trainer Gerd-Volker Schock kehrte der Weltklassemann zum HSV zurück. Er war 38 Jahre alt und niemand, mit dem er einst zusammen gespielt hatte, war noch da. In der Mannschaft hieß er „der Alte". Sein HSV-Abschied fand wie erwähnt sang- und klanglos am 21. April 1991 statt, als er in der 82. Minute gegen Dortmund eingewechselt wurde.

Der Meister der Bananenflanke: HSV-Rekordmann Manfred Kaltz

Dribbeln um die Blaskapelle

Zwar war der HSV in der Anfangszeit der Bundesliga keine „graue Maus", vom Titel allerdings weit entfernt. Uwe Seeler hatte aufgehört, der Zuschauerschnitt fiel unter 20.000.

Als am 26. November 1973 Dr. rer. pol. Peter Krohn (1932–2021) zum neuen HSV-Präsidenten gewählt wurde, brach eine nur vierjährige „Ära" an, die den Verein aber regelrecht auf den Kopf stellte.

Krohn sorgte dafür, dass der HSV fast täglich in den Schlagzeilen stand – die Bundesliga als „Showgeschäft". Die Mannschaft wurde in bonbonrosa und himmelblau gekleidet („diese Farben gefallen Frauen!"). Erhöhte Eintrittspreise galten der Aktion „Fans kaufen Spieler". Im alten Stadion Rothenbaum wurde „Showtraining" angesetzt: 20.000 kamen, und die Profis dribbelten um das Podest einer Blaskapelle aus dem Festzelt vom „Hamburger Dom". Als Prämie für HSV-Torschützen im UEFA-Cup 1975 setzte Krohn aus: „So viel Champagner, dass jeder mit seiner Frau oder Freundin in der Wanne darin baden kann." Selbst als er nicht mehr amtierte, gab es das „Showtraining" noch, bei dem Neuzugang Wolfram Wuttke auf einem Elefanten reiten musste.

Die Großsprecherei kam nicht gut an. Kapitän Volkert: „Überall wo wir hinkommen, werden wir ausgepfiffen."

Die Presse allerdings befürwortete Krohns Arbeit: „Der HSV ist wieder attraktiv geworden." Mitten in der Saison 1973/74 wurde mit „Campari"

Showact: Wolfram Wuttke

erstmals ein Trikot-Sponsor präsentiert, bei Nachfolger Hitachi wurde die Einnahme mit 1.5 Mio. DM fast verdoppelt. Der Umsatz stieg, ebenso der Gewinn. Auch sportlich ging es voran (DFB-Pokal, Europacup der Pokalsieger).

Dr. Krohn erfand 1977 den (inoffiziellen) Supercup gegen Meister Mönchengladbach (30.000 im Volkspark, 2:3). Regulär war dagegen der Europäische Supercup gegen Liverpool (1:1, 0:6 an der Anfield Road).

Ab Sommer 1975 fungierte der Volkswirt als „Generalbevollmächtigter und Generalmanager". In der „Sportschau" entdeckte er „Felix" Magath (1. FC Saarbrücken), und 1977 kam – eine Sensation! – Kevin Keegan aus England.

Den bei den Fans beliebten Trainer „Ritter Kuno" Klötzer, den Krohn für zu bieder hielt, ersetzte er durch Rudi Gutendorf. Das lief sportlich nicht, die Differenzen im Verein nahmen zu, weshalb der Manager am 26. Oktober 1977 kündigte.

1979 gewann der HSV die Deutsche Meisterschaft, 1983 den Europacup. Torschütze: Magath aus der „Sportschau".

Noch friedlich vereint: Manager Dr. Peter Krohn (r.) und Trainer Kuno Klötzer

Dauerwelle mit krausen Haaren

„Super Kevin" als Werbe-Ikone

Weltstar Kevin Keegan verbrachte zwar „nur" drei Jahre beim HSV, gilt aber bis heute als Mythos.

Den Kapitän der englischen Nationalmannschaft bewogen 1977 steuerliche Gründe, das Heimatland zu verlassen. HSV-Manager Peter Krohn verhandelte mit dem FC Liverpool, die Ablöse von 1,6 Mio. DM bedeutete einen neuen Bundesliga-Rekord (ebenso in Großbritannien). Die Entscheidung begünstigte, dass Ehefrau Jean Deutsch sprach.

Jedoch, so berichtete es der damalige Trainer Rudi Gutendorf, gab es reichliche Widerstände im Team gegen „den Engländer". Resultat war ein zehnter Platz 1977/78. Keegans Frust entlud sich an Silvester an der Lübecker Lohmühle, als er im Freundschaftsspiel VfB-Verteidiger Erhard Preuß mit einem Faustschlag niederstreckte. Noch ehe er die Rote Karte sah, verließ er das Spielfeld. Und fuhr in seinem Mercedes (Kennzeichen PI für Pinneberg) heim in den Bungalow in Itzstedt.

Gutendorf musste gehen, ebenso Krohn. Dessen Nachfolger Günter Netzer sortierte mutmaßliche Querulanten aus (Volkert, Steffenhagen, Keller).

Der neue Trainer Branko Zebec ließ Keegan nicht mehr auf Rechtsaußen, sondern hinter den Spitzen auflaufen. So wurde die „Mighty Mouse", die „mächtige Maus" (1,69 m), ganz groß. Und mit dem Liebling der Fans („Keegan"-Sprechchöre im Stadion!) auch der HSV. Der in ärmlichen Verhältnissen aufgewachsene Bergarbeiter-Sohn aus South Yorkshire wurde sowohl 1978 als auch 1979 „Europas Fußballer des Jahres."

Etliche Eltern entschlossen sich in jenen Jahren, ihren Sprössling auf den Namen Kevin zu taufen. Keegan galt zudem als Erfinder des Haarschnitts „The perm". Der Autor ist nicht vom Fach. Insofern genügt hoffentlich die Übersetzung: „Dauerwelle mit krausen Locken." Einen Nachahmer fand der Engländer beim HSV in Peter Hidien.

„Der erste Popstar der Bundesliga" („kicker") kehrte 1980 auf die Insel zurück, weil ihm das Training von Zebec zu hart erschien.

2000 kam er als Trainer mit Manchester City zu einem Vorbereitungsspiel nach Hamburg und musste feststellen, dass seine Popularität dort ungebrochen war.

Zu den eher unbekannten Stationen des am 14.2.1951 geborenen Keegan gehören Tigers Kuala Lumpur in Malaysia 1984 (er war Gast der Königlichen Familie von Brunei) und Blacktown City FC in Sydney 1985.

Kevin und Jean lebten längere Zeit in Marbella in Spanien und besitzen heute ein Gut bei Manchester.

„Der kleine Engländer", hier 1978 gegen Georg Volkert (VfB Stuttgart)

Namenstage

Name ist Schall und Rauch, heißt es in Goethes „Faust". Aber für Ortsnamen gilt das nicht, denn man muss ja hinfinden. Und bei Personennamen lohnt sich genaues Hinhören.

„Es wäre gefährlich, die Mannschaft aus St. Johnstone zu unterschätzen", schrieb eine Hamburger Tageszeitung im September 1971. Mit Recht, denn der HSV scheiterte im UEFA-Cup an diesem schottischen Team. 2:1 in Hamburg, aber 0:3 in … ja, wo?

Als Trainer Klaus-Dieter Ochs den Gegner beobachtete, hatte der ein Auswärtsspiel in Dunfermline, das war auf der Landkarte. Seine Heimspiele trug er damals wie heute in der Stadt Perth aus. Im Mittelalter hieß die tatsächlich „St. John´s Toun" nach der zentralen Kirche, die Johannes dem Täufer gewidmet war.

Fand der HSV hin? Nach dem 0:3 hatte die Mannschaft „kaum Zeit, sich richtig von der weiten Reise in die schottischen Highlands zu erholen", unkte dieselbe Zeitung nachher. Von den Highlands ist Perth aber so weit entfernt wie das Volksparkstadion vom Weserbergland.

Rudi Kargus kann man … nicht fragen, denn der fehlte wegen Verletzung. Im Tor vertrat ihn sein Vorgänger Özcan Arkoç, der 2021 verstorben ist. „Ötschi" hat in drei Ländern – Türkei, Österreich, Deutschland – Erstligaspiele gemacht, allein 159 für den HSV und alle unter seinem Vornamen. Durch ein Missverständnis, so erklärte es der Torwart später selbst, sei „Özcan" in Wien für den Nachnamen gehalten worden. Dabei sei es geblieben.

Ein neu benannter Keeper, eine rückbenannte Stadt… was gab es noch in der Geschichte der HSV-Auslandsabenteuer? Vereinsnamen klingen an: Steagul Rosu Brașov (Rote Fahne Kronstadt, Rumänien); Grasshopper Zürich (Schweiz); IF Leiftur (Island, zu übersetzen mit „Blitz" oder auch „Weißseitendelfin"). FC Villareal (Stadt des Königs, Spanien) … Noch viele mehr und das war gut so, denn Reisen bildet und sie liegen lange zurück, die Europacup-Tage. (jrp)

Bundesliga ohne Ballkontakt

Als es im Sommer 1975 wieder einmal heiß her ging beim HSV zwischen Peter Krohn und dem Trainer, hieß es seitens des Managers: „Die Welt des Herrn Klötzer sind doch nur die Spinckes und Wöbckes." (Eine Äußerung, die Krohn später leid tat).

Torhüter Dieter Wöbcke hatte einen Intertoto-Runde-Einsatz und Detlef Spincke bestritt ein Bundesligaspiel. Wie der Ex-Profi hsv.de ehrlicherweise mitteilte, hatte er in diesen 60 Sekunden keinen Ballkontakt.

Der Abwehrspieler (geb. 1954) kam 1975 vom SV Lurup aus dem Hamburger Westen. Gegen Offenbach wechselte ihn Klötzer am 24. Januar 1976 in der 89. Minute ein. Er war und blieb wegen namhafter Konkurrenten Reservist.

Aufgrund von jeweils zwei Einsätzen im DFB-Pokal und im Europacup der Pokalsieger durfte sich der gelernte Bankkaufmann aber als mitverantwortlich für die HSV-Titel-Gewinne 1976 und 1977 betrachten.

Stammspieler wurde Spincke woanders: Beim Wuppertaler SV in der 2. Bundesliga Nord. Mit 25 Jahren kehrte er zum SV Lurup zurück. Wegen Hamburg, seinen sechs Geschwistern und einer beruflichen Perspektive.

Dank eines Sponsors erreichte Lurup sogar die Aufstiegsrunde zur 2. Bundesliga. Doch auch dieser zeitweilige Stern am Hamburger Fußball-Himmel ist verglüht. Der Verein gehört heute der 7. Liga an und das Zweitligareife Stadion samt zwei überdachten Tribünen fiel dem Abriss anheim.

Lurup, HSV, Wuppertal und zurück: Detlef Spincke

Hamburger SV. Eine Zeitreise

1887 — 29.9.: Gründung SC Germania, Zusammenschluss von Hohenfelder SC und Wandsbek Marienthaler SC (beide seit 1884 existent). Klubfarben: schwarz-blau.

1888 — 1.6.: Der Hamburger FC entsteht, 1914 umbenannt in HSV 88. 1919 tritt ihm der FC Falke bei.

1919 — SC Germania und HSV 88 bilden den Hamburger Sport-Verein, der am 21.7. ins Vereinsregister eingetragen wird.

1920 — „Tull" Harder wird zum ersten Nationalspieler des HSV. Erster Nationalelf-Einsatz 1914 für den HFC 88.

1933-1945 —
- Machtübernahme der Nazis. Von acht Präsidenten/Vorsitzenden/Vereinsführern gehören sieben der NSDAP an. Ausnahme: Karl Mechlen.
- Neuordnung des Ligasystems in der NS-Diktatur: Der HSV (4 x Meister) hat gegen den Eimsbütteler TV (5 x), SC Victoria (1 x) und Militär-Sportverein LSV Groß-Hamburg (1 x) das Nachsehen.
- Verdrängung der jüdischen Vereinsmitglieder.
- Bei Neuaufnahmen ab 28.10.1933 die Frage: „Sind Sie arischer Abstammung?"

1934 — Rudi Noack ist erster WM-Teilnehmer des HSV (1 Einsatz).

1937 — Erster Mannschaftsflug am 5.5. nach Gleiwitz/ Gliwice. Vorher nutzten dieses Verkehrsmittel bereits der VfR Mannheim (1934) und der Eimsbütteler TV (1935).

Am 23.4. wird der „Arierparagraph" in die Vereinssatzung aufgenommen.	**1940**
Erste Auslands-Gastspiele nach Kriegsende bei Belenenses in Lissabon und Sporting Braga.	**1947**
Am 12.7. findet die Einweihung des Volksparkstadions (Fassungsvermögen: 80.000) statt.	**1953**
Josef „Jupp" Posipal (5 Einsätze) und Fritz Laband (3) werden Weltmeister.	**1954**
Zuschauerrekord im Volksparkstadion: 75.000 sehen am 10.6. in der Endrunde zur deutschen Meisterschaft ein 2:1 gegen Borussia Dortmund.	**1956**
Hannover ist kein gutes Pflaster für den HSV, der in der Niedersachsen-Metropole zweimal hintereinander das Finale um die deutsche Meisterschaft verliert, am 23.6.1957 mit 1:4 gegen Borussia Dortmund, am 18.5.1958 mit 0:3 gegen den FC Schalke 04.	**1957/58**
Uwe Seeler bestreitet seine erste WM (5 Einsätze).	**1958**
HSV-Rekord im Olympiastadion Berlin: 90.000 wollen am 30.5. die Tasmania gegen die „Rothosen" (0:2) sehen. Dieselbe Zahl gilt übrigens für die Partie um den 3. Platz der deutschen Meisterschaft am 3.7.1938, HSV – Düsseldorf (2:4).	**1959**
Zur Premiere im Europacup der Landesmeister gewinnt der HSV am 2.11. mit 5:0 bei Young Boys Bern.	**1960**
WM in Chile mit Uwe Seeler (4 Einsätze), Jürgen Kurbjuhn, Jürgen Werner (je 0).	**1962**

1963
- Der HSV befindet sich unter den ersten acht Klubs, die am 11.1. in die Bundesliga aufgenommen werden.
- Wie gewohnt holen sich die Hanseaten wieder den Oberliga-Titel. Von 1948 bis 1963 wird der HSV (fast) immer Meister. Ausnahme: 1953/54 hieß der Titelträger Hannover 96.
- Gert Dörfel erzielt das erste Bundesliga-Tor für den HSV beim 1:1 bei Preußen Münster am 24.8.

Das erste Bundesliga-Tor des HSV 1963 bei Preußen Münster zum 1:1 – aber Torschütze „Charly" Dörfel ist nicht im Bild! Von links die HSVer Boyens und Wulf (verdeckt), die Münsteraner Manfred Pohlschmidt (später HSV), Tybussek (vom Lüneburger SK), Torhüter Eiteljörge

- Der HSV ist beim ersten Spielabbruch in der Bundesliga dabei. Wegen Nebel wird die Begegnung gegen Borussia Dortmund am 7.12. in der 61. Minute beim Stand von 1:2 beendet. Die Wiederholung gewinnt der HSV 2:1.

1964
- Zwei Brüderpaare stehen für den HSV gegen den 1. FC Saarbrücken (8.2., 1:1) auf dem Feld: Uwe und Dieter Seeler, Gert und Bernd Dörfel.
- Mit 30 Treffern wird Uwe Seeler erster Torschützenkönig der Bundesliga.

- Am 12.9. setzt der HSV beim 1:3 in Neunkirchen erstmals einen ausländischen Spieler in der Bundesliga ein: Andreas (Andras) Máté (1940–2012) aus New York. Am 17.10. folgt der Finne Juhani Peltonen.

Erster ausländischer Bundesliga-Spieler des HSV: Andreas Máté

1966
- Höchster Bundesliga-Erfolg mit 8:0 am 12.2. vor 15.000 Zuschauern zuhause gegen den KSC. Uwe Seeler ist dabei – und schießt kein Tor! Sondern: Pohlschmidt 4, Krug 2, Peltonen, G. Dörfel je 1.
- Uwe Seeler und Willi Schulz (je 6 Einsätze) werden in England Vizeweltmeister.

1968
Erstmals steht der HSV im Finale eines europäischen Wettbewerbs (Pokal der Pokalsieger) – verliert jedoch im Rotterdamer Stadion „De Kuip" am 23.5. mit 0:2 gegen den AC Mailand.

1970
WM in Mexiko mit Seeler (6 Einsätze), Schulz (3).

1972
Zuschauer-Minusrekord in der Bundesliga: Nur 5.000 sind am 4.3. beim 3:1-Sieg des HSV gegen Eintracht Braunschweig dabei!

1978
WM in Argentinien mit Kaltz (6 Einsätze) und Kargus (0).

1980 • Europacup der Meister: Im Halbfinal-Hinspiel gegen Real Madrid am 9.4. erlebt der HSV die größte Kulisse bei einem Auswärtsspiel: 121.106 Zuschauer sehen im Estadio Santiago Bernabeu einen 2:0-Erfolg der Heimelf. Im Rückspiel kontert der HSV gigantisch und lässt den Madrilenen beim 5:1 keine Chance. Das Finale am 28.5. geht allerdings 0:1 gegen Nottingham Forest verloren.

Stierkampf oder Fußball? Farbenprächtige Madrider Werbung fürs EC-Endspiel 1981

• Gleich vier HSVer werden Europameister: Kaltz (4 Einsätze), Hrubesch (3), Magath (2), Memering (1).

1982 Horst Hrubesch, mit 27 Treffern Bundesliga-Torschützenkönig, ist einer von vier Rautenträgern, die in Spanien Vize-Weltmeister werden. Die Einsätze: Kaltz (7), Hrubesch (5), Magath (4), Hieronymus (0).

1986 Jakobs, Magath (je 6) und Rolff (2) kehren als Vize-Weltmeister aus Mexiko zurück. Der vierte HSVer im Kader, Keeper Uli Stein (0), muss nach der „Suppenkasper"-Affäre mit Teamchef Franz Beckenbauer abreisen.

1987 DFB-Pokal-Sieg! Fortan gilt der Fangesang: „Sechsmal Deutscher Meister, dreimal Pokal-Sieger ..." (der Zusatz: „immer erste Liga" entfällt 2018)

1998 Nach dem Abstieg des 1. FC Köln ist der HSV das einzige verbliebene Gründungsmitglied in der Bundesliga.

2000 • Das „Arena-Projekt", der Umbau des Volksparkstadions, ist fertig. Zur Premiere vor den jetzt komplett überdachten Rangen gibt es am 12.8. ein 2:2 gegen 1860 München.
• Das Champions-League-„Wahnsinnsspiel" gegen Juventus Turin (4:4) am 13.9. erweist sich als irrelevant: „Juve" (Gruppenletzter) und HSV (Dritter) kommen nicht weiter.

2001 Sergej Barbarez wird mit 22 Treffern Torschützenkönig, muss sich den Titel allerdings mit Ebbe Sand (FC Schalke 04) teilen.

2004 7.2.: Eröffnung des HSV-Museums.

Die größten Vereinserfolge werden im HSV-Museum präsentiert.

2005	Der Fuß von Uwe Seeler als überdimensionale Plastik wird am 24.8. als Mittelpunkt des „Walk of Fame" enthüllt.
2006	Trotz der Tore von Lauth, Barbarez und van der Vaart zum 3:1 gegen Rapid Bukarest am 15.3. scheitert der HSV im UEFA-Cup-Achtelfinale (Hinspiel 0:2).
2006/07	Enttäuschender Ausflug in die Champions League: Gruppen-Letzter (sechs Spiele, ein Erfolg).
2008	• Wieder ein Ausscheiden im Achtelfinale des UEFA-Cups, diesmal gegen Leverkusen (3:2, 0:1). Schwacher Trost: Der HSV wurde zuvor zum Sieger im UEFA Intertoto Cup 2007 ernannt. • Mediamarkt/Saturn-Werbekampagne: „Hamburger Schnäppchen Verein (HSV)" mit „Tiefpreis-Trainer" Seeler. Der Verein klagt, die Reklame geht weiter: wieder Seeler und „Hamburger Sensations Verein "– ohne das Kürzel HSV.
2010	• Paolo Guerrero wird am 14.4. von einem Zuschauer beschimpft und trifft den Pöbler mit einer Plastik-Trinkflasche. Höchste HSV-Geldstrafe: 50.000 bis 100.000 €. Dazu fünf Spiele Sperre vom DFB, 20.000 € Strafe. • Bei seinem vorerst letzten Auftritt in einem europäischen Wettbewerb schafft es der HSV ins Halbfinale der Europa League, muss sich dort aber nach einem 1:2 gegen Fulham (Hinspiel: 0:0) geschlagen geben. • Nach fünf WM-Turnieren tritt die deutsche Nationalmannschaft erstmals wieder mit HSVern an: Jerome Boateng (5), Marcell Jansen, Piotr Trochowski (je 4), Dennis Aogo (1)
2011/12	Die Bundesligabilanz ist verheerend: Rang 15, schlechteste Bundesliga-Platzierung, vier Trainer: Oenning, Cardoso, Arnesen, Fink.

2012 — Der HSV gehört zu den Top 20 in Europa, er nimmt Rang 18 der einkommensstärksten Vereine ein.

2013 — Nach dem 2:9 bei Bayern München am 21.4. im Beisein von 6.000 bis 8.000 Anhängern „Wiedergutmachungs-Grillparty". Profi Marcell Jansen: „Das braucht kein Mensch!" Das Grillfest verfolgt den HSV noch lange. Nach einem 0:5 in der 2. Bundesliga gegen Regensburg hieß es in den sozialen Netzwerken: „Der Sommer ist vorbei. Aber der HSV lädt noch mal zum Grillen ein!"

2014
- 16. Platz Bundesliga, niedrigste Punktzahl dieser Klasse. Trainer: van Marwijk, Slomka. Erstmals geht es in die Relegation.
- 86,9 % der 9.702 anwesenden Mitglieder stimmen am 25.5. für die Ausgliederung der Profi-Abteilung.

2015 — Erneut Relegation, wieder erfolgreich. Der Karlsruher SC wird im Rückspiel erst in der Verlängerung mit 2:1 besiegt.

2018 — Und dann ist es doch passiert: Der 17. Platz in der Abschlusstabelle bedeutet nach 56 Jahren Erstklassigkeit den Bundesliga-Abstieg.

2020 — Am 27.1. wird die Erinnerungstafel im Gedenken „an verfolgte, deportierte und ermordete Mitglieder" am Volksparkstadion enthüllt.

2022
- Erstmals Rang 3 in der 2. Bundesliga, jedoch in der Relegation nach einem 1:0 in Berlin zuhause mit 0:2 gegen Hertha BSC gescheitert.
- Am 10.8. findet eine öffentliche Trauerfeier für Uwe Seeler im Volksparkstadion statt. Das Fußball-Idol wurde im Beisein der Familie am 3.8. im Familiengrab auf dem Friedhof Ohlsdorf beigesetzt.

Volkstanzgruppe und Büchsenwürfe

Standort (zum Stehen) der HSV-Fans ist heute die Nordkurve, eigentlich: Nordtribüne. Die Ultra-Szene dort hat sich gewandelt. Nach der Ausgliederung der Profis löste sich „Chosen Few" 2014 auf, „Poptown" folgte Anfang 2019. Präsent sind nun u. a. noch „Castaways", „Clique du Nord" u. a. sowie der „Förderkreis Nordtribüne", eine Art Dachverband für die aktive Fanszene.

Im alten Volksparkstadion dominierten in der Westkurve, Stehblock E, „Kutten" und rechte Skinheads, seit Ende der 80er/Anfang 90er Jahre Hooligans sowie als Rocker bezeichnete „Löwen".

Mit der WM 1974 setzte man einen Zaun davor. Bei der Meisterfeier 1979 wurde der niedergerissen, die Folge waren chaotische Zustände: Platzsturm, 127 Verletzte. 500 Ordner hielten niemanden auf, einen Polizeieinsatz hatte der Verein vorab abgesagt. „Deutschlands gefährlichste Sportstätte" erkannte die „WamS". Man überlegte die Umwandlung in Sitzplätze und mehr „Beiprogramm" wie z. B. die Volkstanzgruppe „Finkwarder Speeldeel", die als „antifanatisierend" galt.

Vor der Nordkurve und Westkurve gab es die Ostkurve, Blöcke L und K. Einerseits nahe der Haupttribüne, andererseits beim Marathontor, durch das Spieler und Schiris ein- und ausliefen. Letztere sahen sich 1965 Büchsenwürfen ausgesetzt, woraufhin der HSV den sogenannten Schülerblock, für den es verbilligte Karten gab, schloss. Was die Ost-West-Wanderung zur Folge hatte.

Es war einmal: Die Kutte verweist noch auf die Zeit der Westkurve.

POPULÄRER IRRTUM

Abschied auf der „Grüne Insel"

Am 9. September 1970 bestritt Uwe Seeler sein letztes von 72 Länderspielen – in Nürnberg. Denn Hamburgs kritischem Publikum wich der DFB lange aus.

Zum letzten Punktspiel lief er am 22. April 1972 in einem mit 9.000 Zuschauern fast verwaisten Volksparkstadion auf. Im Gegensatz zu dieser „Geisterkulisse" war sein Abschiedsspiel am 1. Mai 1972 mit 71.000 im Volksparkstadion ausverkauft, denn eine Weltauswahl war zu Gast. Seeler bestand auf volkstümlichen Eintritts-Preisen (Tribünen-Sitzplatz: 15 DM).

Plötzlich irische Ligaspieler: Uwe Seeler (r.) und Franz-Josef Hönig, hier noch in Diensten des HSV

Was kaum einer weiß: Mit 42 kämpfte er noch einmal um Punkte, weitab der Heimatstadt und unbeachtet von der deutschen Presse: Am 23. April 1978 im Stadion „Turners Cross" in Cork im Süden der „Grünen Insel" Irland. Cork Celtic FC drohte der Abstieg, weshalb der Chief Executive Ireland von adidas, Michael O' Connell, die Idee hatte, adidas-Vertreter Uwe Seeler einfliegen zu lassen. Begleitet wurde der von Ex-HSV-Kapitän Hans-Josef „Bubi" Hönig, dem adidas-Vertriebsleiter Rhein-Main.

Beide flogen in Erwartung eines Freundschaftsspiels ein und trugen den Schriftzug adidas auf dem Trikot. Sie trafen allerdings im Pflichtspiel der League of Ireland auf Titelverteidiger Shamrock Rovers aus Dublin. Uwe Seeler erzielte bei der 2:6-Niederlage beide Tore für Cork Celtic, das mit dem 14. Rang die Klasse hielt, im Jahr darauf allerdings aufgelöst wurde.

Präsentation im „Bierbrunnen"

Das eher konservative „Hamburger Abendblatt" (HA) war 1978 skeptisch: „In Fragen des Managements ist er weitgehend unerfahren." Gemeint war Günter Netzer, der erste deutsche „Popstar des Fußballs".

Auch der altgedienten Funktionärs-Kaste missfielen dessen lange Haare, Luxus-Karossen (nach Hamburg reiste er im schwarzen Ferrari an), seine Diskothek „Lovers Lane" und dass er sich beim Mönchengladbacher Pokal-Sieg 1973 selbst einwechselte. Umso erstaunlicher, dass der beinahe doppelt so alte HSV-Präsident Paul Benthien den 34-Jährigen als Manager verpflichtete.

Netzer war nach Hamburg gekommen, um die HSV-Stadionzeitung zu verlegen. Seit 1965 gab er in Mönchengladbach das bis heute erscheinende „Fohlenecho" heraus. Und bereits 1971 wollte er „im Paket" mit seinem Wechsel das „Werder-Echo" übernehmen. Doch hatten die Bremer dies ihrem Torjäger Klaus „Zickzack" Matischak versprochen.

Netzers Präsentation fand, kennzeichnend für den damals biederen HSV, in einem Nebenzimmer (!) des „HSV-Bierbrunnen", Rothenbaumchaussee 115, statt. Er reihte sich dann im Bundesliga-Vorspiel im April 1978 nahtlos neben Uwe Seeler, Gert Dörfel, Giesemann u. a. beim 8:2 gegen die TuS Bargloh AH in die „HSV-Altliga" ein.

Der Rheinländer wurde von 1978 bis 1986 der erfolgreichste HSV-Manager. Und dies, obwohl er bei Amtsantritt laut „HA" „ein Ensemble des Durchschnitts" übernahm.

Von der konservativen Vereinsführung akzeptiert: Manager Günter Netzer, extravaganter Ferrari-Liebhaber

Dachdecker, Angler, Torjäger!

Hoch hinaus ...

Günter Netzer, den neuen Manager, umwehte 1978 ein Hauch von großer Fußball-Welt. Doch seine Neuzugänge waren durchweg 2. Liga, darunter ein bereits 27 Jahre alter Mittelstürmer von Rot-Weiss Essen. Horst Hrubesch hatte seine Fußball- und Handball-Jahre (Torhüter im Feld!) in der westfälischen Provinz verbracht. Ehe er für monatlich 1.800 DM zu RWE wechselte. Mit einem Rückkehrrecht in seinen Beruf als Dachdecker, in dem er mehr verdiente. Dortmund und Bochum wollten den blonden Hünen wegen Übergewicht und mangelnder Balltechnik nicht.

Vor Hamburg allerdings hatte Hrubesch bereits in Frankfurt unterschrieben, ehe dessen vorzeitige Wechsel-Bekanntgabe ihn umstimmte. Für 250.000 DM musste ihn der HSV auslösen.

... in aller Ruhe ...

Dort wurde er das „Kopfball-Ungeheuer": 159 BL-Spiele, 96 Tore, 1982 und 1983 (mit Völler) Torschützenkönig, Deutscher Meister, Nationalspieler, Europameister, Vize-WM.

Weil sich Horst Hrubesch beim HSV nicht mehr anerkannt fühlte, reiste er auf eigene Faust nach Lüttich und unterschrieb 1983 bei Standard.

Als Vereinstrainer erfolglos, sah es in DFB-Diensten ganz anders aus: U 19- und U 21-Europameister, Olympiaauswahl-Silber. Seit 2020 ist er HSV-Nachwuchsdirektor.

Hrubesch lebt bei Neumünster. Sein Buch „Dorschangeln vom Boot und an den Küsten" ist vergriffen.

... zur HSV-Legende

POPULÄRER IRRTUM

„Unser Uli" in Ochsenzoll

Am 21. September 1978 landete der Weltmeister, Europameister, Europacup-Sieger und Deutsche Meister in Hamburg. „Das sensationellste Leihgeschäft der Bundesliga", hieß es. Das „Hamburger Abendblatt" jubilierte: „Unser Uli ist da!"

Doch bereits am Abend flog Uli Hoeneß mit der Lufthansa zurück nach München.

Was war geschehen?

Der 26-Jährige war unter Bayern-Trainer Lorant kein Stammspieler mehr. Nachteilig, richtete sich sein Honorar doch nach Einsätzen. HSV-Manager Netzer vereinbarte 250.000 DM Leihgebühr sowie nach Saisonende eine Ablöse von 750.000 Mark.

Hoeneß trainierte bereits als „Nummer 21" unter Branko Zebec in Ochsenzoll. HSV-Teamarzt Dr. Ulrich Mann allerdings verlangte die Gelenkspiegelung eines Knies (Arthroskopie). Die lehnte der Nationalspieler ab.

Und trat kurz darauf im „ZDF-Sportstudio" bei Moderator Harry Valerien gemeinsam mit Mitspieler „Jupp" Kapellmann auf, der als angehender Mediziner ein „Riesen-Arthroskop" präsentierte. Hoeneß: „Wenn so etwas von mir verlangt wird, dann höre ich lieber auf als Fußballprofi!". Dr. Mann war nicht anwesend: „Ich hatte zuhause Gäste."

HSV-Manager Netzer 2012: „Uli war vorbelastet am Knie. Der Arzt konnte keine Verantwortung übernehmen."

Aufgrund eines irreparablen Knorpelschadens im Knie beendete Hoeneß beim Bundesliga-Absteiger 1. FC Nürnberg 1979 seine fußballerische Karriere.

Treffen am Flughafen im September 1978: Uli Hoeneß (r.) und Günter Netzer.

Es war einmal der Hafen-Pokal

Als Peter Krohn den HSV aus der Versenkung holte, mögen ihm als langjährigem Anhänger die „Fußball-Festspiele" der 1950er/1960er Jahre in Erinnerung gekommen sein, als Manchester United, Real Madrid und der FC Santos samt Pelé Rekord-Einnahmen erbrachten.

So erfand Generalmanager Krohn 1977 den „Hafen-Pokal". Den sensationellen Neuzugang Kevin Keegan hatte er in den Intertoto-Runde-„Heimspielen" in Stade und Lüneburg noch „versteckt". Er stellte ihn erst beim „Galaabend der Weltstars" gegen den FC Barcelona vor. 45.000 kamen, Einnahme 720.000 DM, 6:0 für den HSV. Die Katalanen hatten gerade erst die Saisonvorbereitung begonnen …

Ohne dieses Wissen schossen die Erwartungen in den Himmel. Denn zur Hafenpokal-Premiere kam der Europacup-Sieger und Ex-Keegan-Klub FC Liverpool (3:2): ausverkauft mit 61.000, neue Freundschaftsspiel-Rekordeinnahme 950.000 Mark!

Krohn ging, der Hafen-Pokal blieb bis 1981 als Auslaufmodell. Die Wiederbelebung initiierte zum 800. Hafengeburtstag 1989 der SPD/FDP-Senat. Die Besucher-Zahlen im Stadion des FC St. Pauli blieben im fünfstelligen Bereich, im Gegensatz zu den Honoraren der Klubs (Turniersieger Flamengo Rio de Janeiro nahm 300.000 DM mit). Dabei sein durfte aus der DDR auch Dynamo Dresden (Binnenhafen!). Dieser letzte Hafen-Pokal endete mit dem Rekord-Defizit von 650.000 Mark.

Kling, Glöckchen …

Bevor der HSV in fünf Jahren dreimal die Deutsche Meisterschaft gewann, ging es drunter und drüber. Derby-Niederlage gegen St. Pauli, Trinkgelage beim Buljan-Ablösespiel in Split, wo ein Doppelbett im Swimmingpool landete. Und in Peter Hidiens Kellerbar votierten die Profis gegen Trainer Gutendorf. Der ging dann ebenso wie Manager Krohn.

Dessen Nachfolger Netzer ordnete die Dinge neu. Der Abstiegskandidat, den der „kicker" im HSV gesehen hatte, wurde 1978/79 mit einem Punkt vor dem VfB Stuttgart Meister. Unter Trainer Zebec waren Keegan/Hrubesch das beste Sturm-Duo; die beste Abwehr war mit Kargus, Kaltz, Nogly, Buljan und Hidien besetzt.

Die Folge-Saison brachte Rang 2 hinter den Bayern, auch, weil man bei Neuling Leverkusen am Pfingstsamstag 1:2 unterlag. Und vier Tage später 0:1 gegen Nottingham im EC-Endspiel. Der Zuschauerschnitt im Volkspark: 40.397 – ein Rekord, der bis 2001 bestand!

Schlagzeilenträchtiger war die Alkoholkrankheit von Branko Zebec. Von der viele wussten, sie aber lange nicht öffentlich gemacht hatten. Auf der Fahrt zum Spiel in Dortmund hatte die Polizei den Jugoslawen gestoppt (3,25 Promille, Führerschein-Entzug). Als der Trainer betrunken beim BVB auf der Bank saß, musste er während der 2. Halbzeit im Mannschaftsbus ausnüchtern. Erneut indisponiert erschien Zebec in Bochum zur Pressekonferenz; einzig Günter Netzer vom HSV begleitete ihn.

Wieder Deutscher Meister: Ditmar Jakobs (l.) und Bernd Wehmeyer 1983 mit der „Schale".

Die Kündigung erfolgte zwei Tage vor Heiligabend 1979. Es übernahm Co-Trainer Ristic, ab 1981/82 dann Ernst Happel (laut Netzer „der bestmögliche Mann"). Erneut gelang der Titelgewinn, drei Punkte war man dem 1. FC Köln voraus. Wermutstropfen: die verlorenen UEFA-Cup-Endspiele gegen Göteborg. Bei der Meisterschafts-Wiederholung 1982/83 war „die Fußballmaschine" (kaum Verletzte, ein Stamm von 13 Akteuren) punktgleich mit Bremen, aber acht Tore besser.

Vergeblich die Hoffnung des gebürtigen Hamburgers Norbert Meier von Werder: „Wir würden denen so gerne den Titel wegschnappen. Weil die so überheblich sind."

Es war Hrubeschs Idee, die gecharterte Fokker F 27 Friendship auf dem Rückflug von Düsseldorf eine Ehrenrunde über dem Weserstadion drehen zu lassen und das von DEG-Fans an der Düsseldorfer Brehmstraße kreierte Lied anzustimmen:

> „Kling, Glöckchen, klingelingeling. Kling, Glöckchen, kling!
> HSV ist Meister, Werder ist nur Zweiter,
> Stuttgart leider Dritter – oh, wie ist das bitter!"

„Jetzt haben wir den Deckel auf dem Topf!":
Hrubeschs Kommentar zum Double DM/EC 1983.

Das beste Spiel aller Zeiten

Das Rückspiel im Europapokal-Halbfinale am 23. April 1980 gegen Real Madrid, als Hamburg nach dem 0:2 im Bernabéu mit 5:1 triumphierte, gilt als beste HSV-Partie.

Vollrath von Heintze im „Hamburger Abendblatt": „Ich ging ins Volksparkstadion, um ein Fußballspiel zu sehen. Was ich erlebte, war ein Rausch der Begeisterung!"

Dies ist eines jener Fußballspiele, von denen so viele erzählt haben, sie seien dabei gewesen, dass die Zuschauerzahl 150.000 und nicht 61.500 gelautet haben muss.

Betrachtete man vier Jahrzehnte später bei NDR-Retro noch einmal das Spiel, so kam es einem wie ein Ausflug in eine längst vergangene Fußball- und Medien-Welt vor. Reporter Fritz Klein, ruhig und sachlich beim Stand von 3:1 durch Kaltz in der 40. Minute: „Man glaubt nicht so recht, dass der HSV noch zweimal treffen wird." Und später: „Puh ist das aufregend (...) Der Reporter kann sich von einer gewissen Nervosität nicht freisprechen." Klein blieb auch neutral, als der spätere Spanien-Trainer und Weltmeister Del Bosque einen Faustschlag gegen Keegan landete (Platzverweis), sich aber umgehend beim Engländer entschuldigte.

Und dann die Werbebanden im Stadion: „Zeyko Küchen", „Hummel Reise", „Nussvocaat", „Regent Möbel", „Europa Möbel". Gibt's die alle noch?

Den Anpfiff hatte man von 20 Uhr auf 20.15 verlegt: die ARD sendete zuvor noch zehn Minuten „Tagesschau" (heute ist das umgekehrt). Manager Netzer erhöhte den Preis für einen überdachten Tribünen-Platz von 30 auf 45 DM.

Real wohnte im (inzwischen abgerissenen) „Hotel Interconti" an der Außenalster, wo zum Mittagessen Spaghetti, gekochter Schinken und Kartoffeln serviert wurden. Der Nordbadener und Real-Profi Uli Stielike verwundert: „Das habe ich noch nie gegessen."

Stielike musste auch dolmetschen, als beim Abschluss-Training der Madrilenen im Volksparkstadion keine Bälle da waren (!). Man fand doch noch zehn *balones*. Eigentlich dafür gedacht, dass die HSVer sie ins Publikum schießen sollten.

Dieses sensationelle 5:1 und die Torschützen-Folge Kaltz–Hrubesch–Kaltz–Hrubesch–Memering müssten eigentlich für alle Zeiten zum Grundwissen aller HSV-Fans gehören.

Nach der Halbfinal-Auslosung hatte sich Kevin Keegan gefreut: „Auf jeden Fall wird ein Engländer im Endspiel stehen, Laurie Cunningham von Real oder ich."

Falsch: Nottingham Forest schickte im EC-Finale 1980 in Madrid (!) 13 Engländer aufs Feld – und gewann 1:0.

„Rausch der Begeisterung": Kaltz erzielt per Elfmeter das 1:0 gegen Real Madrid.

K.u.K-Monarchie im Elferreich

Das Wesen großer Kunst liegt ja oft darin, dass sie nicht erklärbar ist. Manfred Kaltz, ohnehin kein Freund ausschweifender Erörterungen, weshalb sie ihn beim HSV ironisch „Schwätzer" nannten, versucht es denn auch gar nicht erst. Auf die Frage nach seinem Erfolgsrezept für den perfekten Elfmeter antwortete er dem Magazin „11 Freunde" einst knapp: „Gibt es nicht. Perfekt ist es, wenn der Ball im Tor ist." Ach so …

Eiskalt(z): 53 von 60 Versuchen verwandelte der HSV-Verteidiger zwischen November 1971 und Mai 1989 – bis heute unerreichter Bundesliga-Rekord vor Bayerns Gerd Müller (51/63). Auf mehrfache Nachfrage gerät Kaltz dann doch noch ein bisschen ins Plaudern: „Ich habe mich nie am Torwart orientiert, sondern immer nach Gefühl geschossen. Ich habe mir eine Ecke vorgenommen und versucht, platziert zu schießen, das war alles. Mal links, mal rechts, ich hatte da kein System. Immer mit der Innenseite, das ist der einfachste Stoß, mit Kraft und Tempo in die Ecke, dann kann eigentlich nichts passieren. Sicherheit kann man sich im Training holen, je öfter man übt, desto besser wird man. Das ist ja nichts Neues."

Den perfekten Sparringspartner hatte Kaltz über viele Jahre in seinem Kumpel, dem Torwart Rudi Kargus. Als A-Jugendliche waren beide im Herbst 1970 vom Talentsucher Gerhard Heid (1936–1972) zum HSV geholt worden, wohnten anfangs sogar gemeinsam unter einem Dach bei einer Patenfamilie im Stadtteil Volksdorf. Wie Kaltz als sicherster „Vollstrecker" vom ominösen Punkt entwickelte sich auch Kargus auf der Torlinie als erfolgreichster „Killer" zum „Elfmeter-König" der Bundesliga-Geschichte: Von 76 Schüssen, bei denen er zwischen den Pfosten stand, fanden 29 (38,2 %) nicht den Weg ins Tor – 23-mal hielt der Torwart, drei Bälle landeten am Pfosten, einer an der Latte, zwei flogen über seinen Kasten. Kargus führte einst Buch über mögliche gegnerische Schützen. Wer bevorzugt welche Ecke? Doch darauf allein habe er nicht vertraut, sondern immer auch den Blickkontakt gesucht: „Mein Credo war, den Schützen dazu zu verleiten, dass er dorthin schießt, wo ich es will."

Nachdem Kargus' Vertrag beim HSV im Sommer 1980 nicht verlängert wurde und sich die Wege der beiden Freunde trennten, kam es in der Bundesliga noch dreimal unter Wettkampfbedingungen zum Aufeinandertreffen der Strafstoß-Spezialisten. Manni vs. Rudi. Der Schütze behielt in diesem Duell mit 2:1 die Oberhand:

22.01.1983: HSV (Kaltz) – 1. FC Nürnberg (Kargus) –
    Tor zum 2:0 (37.), Endstand: 3:0
09.03.1985: HSV (Kaltz) – Karlsruher SC (Kargus) –
    gehalten (39.), Endstand: 0:0
08.11.1986: Fortuna Düsseldorf (Kargus) – HSV (Kaltz) –
    Tor zum 0:1 (13.), Endstand: 3:2

(bjt)

Getroffen: Manni Kaltz verwandelt gegen Rudi Kargus vom 1. FC Nürnberg zum 2:0.

Gehalten: Rudi Kargus in Diensten des Karlsruher SC wehrt den Elfer von Manni Kaltz ab.

Heber in Athen

Aus heutiger Sicht seltsam, dass das Endspiel im Europapokal der Landesmeister am 25. Mai 1983 inmitten der Saison stattfand. Nach dem Betzenberg reiste der HSV gen Athen, danach standen noch zwei Meisterschafts-entscheidende Bundesliga-Spiele an.

18,7 Mio. hatten die ZDF-Live-Übertragung eingeschaltet, Sehbeteiligung 47 Prozent. 73.000 waren im Olympiastadion Athen, bei einem Fassungsvermögen von 80.000 also nicht ausverkauft. 30.000 bis 40.000 Tifosi des vom FIAT-Konzern und der Familie Agnelli finanzierten Klubs Juventus Turin waren vor Ort, etwa 9.000 Hamburger, die HSV-Fähnchen schwenkten.

Vom Luxus-Hotel „Athenaeum InterContinental" (für Groundhopper: Syngrou Ave. 89-93) aus ging Trainer Ernst Happel mit der Mannschaft am Vormittag auf einem Golfplatz spazieren und besprach sich mit den Führungsspielern. Unablässig schwebten über den Hamburgern die Alitalia-Linien- und -Charter-Flüge aus Norditalien ein. „Juve" war Favorit: sechs Weltmeister von 1982, dazu Spielmacher Platini aus Frankreich und Stürmer Boniek aus Polen; der Trainer hieß Trapattoni.

Das einzige Tor fiel, wenn auch die Anzeigetafel die 9. Minute anzeigte, nach 7:59 Minuten. Bei einem Querpass kam Groh Kaltz in die Quere, worüber der sich sichtlich echauffierte. Doch Magath erreichte der Ball. Der Spielmacher täuschte einen Schuss an, Bettega sprang etwas überheblich ins Leere, aus 18 Metern traf Magath. ZDF-Reporter Günter-Peter Ploog (1948–2016): „Schüsse aus dieser Distanz hat der HSV gestern in Athen noch geübt (...) Das war kein harter Schuss, sondern ein raffinierter Heber."

Torschütze in der 8. Minute: Felix Magath mit dem Europapokal

Sieht man sich noch einmal die „Jubeltraube" an, so taucht auf dem Spielfeld sogar Masseur Hermann Rieger auf!

Gefehlt hatte in Athen wegen einer Sperre William Hartwig. Er saß während des Endspiels bei Harry Valérien im ZDF-Studio in Mainz und stürmte als Erster die Gangway hinauf, als der Europacup-Sieger vor Tausenden Fans in Fuhlsbüttel landete.

Lars Bastrup, dem Gentile einen doppelten Kieferbruch zugefügt hatte, konnte ebenso wie in Athen nicht mitfeiern und wurde umgehend im Universitäts-Krankenhaus Eppendorf operiert.

Dass Happel in der 56. Spielminute für den Dänen keinen Defensivmann, sondern den 21-jährigen Stürmer von Heesen eingewechselt hatte, gilt in der Rückschau als genialer Schachzug. Der HSV war nach Bayern München (1974 bis 1976) der zweite bundesdeutsche Verein, der den Landesmeister-Cup gewann.

Die Gewinner des Europacups der Landesmeister 1983: Stehend v. l. Magath, Bastrup, Rolff, Jakobs, Kaltz, Hrubesch; vorne v. l. Wehmeyer, Hieronymus, Groh, Milewski, Stein (von Heesen wurde eingewechselt)

POPULÄRER IRRTUM

Kaiser mit Handicap

Viel Zeit zum Entenfüttern an der Alster: Franz Beckenbauer

Der Boulevard und andere Presseorgane, die sich ausführlich seiner Ehekrise widmeten, sowie Steuerschulden hatten die damalige Fußball-Ikone Franz Beckenbauer 1977 nach New York vertrieben.

Der HSV meldete den ablösefreien Weltstar im November 1980 mit 5.000 DM Monatsgehalt inklusive Prämien beim DFB an. Tatsächlich erhielt der Münchner vom damaligen Hauptsponsor BP jährlich eine Mio. oder 1.2 Mio. DM, um „möglichst viele Jugendliche vor dem Abgleiten in gesellschaftspolitische Randgruppen zu bewahren."

Doch schon zum Saisonstart 1981/82 teilte die „MoPo" mit: „Von Beckenbauer spricht zur Zeit in Hamburg niemand mehr." Zwar wurde der HSV 1982 wieder Deutscher Meister, Beckenbauer kam jedoch nur zehnmal zum Einsatz – abgelöst als Libero von Holger Hieronymus. Den Heimkehrer plagten oft Verletzungen, hervorgerufen durch das Spiel auf Kunstrasen in den USA. Auch wirkten die langen Flugreisen in den Staaten nach.

Was blieb? „Meine Ankunft am Flughafen Fuhlsbüttel war der Wahnsinn!", erinnerte „der Kaiser" den Empfang von über 500 HSV-Fans. Er lebte im Luxus-Hotel „Interconti" an der Außenalster, kehrte gerne im „Fischereihafen-Restaurant" ein und erlangte die Platzreife (damals Handicap 36) beim Golfclub Hoisdorf. Beckenbauers Spind-Malerei aus Ochsenzoll – er spielt Tennis und Golf, während sich die Mitspieler quälen –, kann man heute im HSV-Museum anschauen.

Der verschwundene Meistertrainer

„Wenn sie verlieren, gehören sie alle erschossen!"
So drastisch formulierte Trainer Ernst Happel die HSV-Favoritenrolle fürs DFB-Pokal-Endspiel 1987 gegen Zweitligist Stuttgarter Kickers in Berlin. Tatsächlich stand die Partie „bis fünf Minuten vor Schluss auf des Messers Schneide". Ehe Kaltz einen Freistoß verwandelte und ein Kickers-Eigentor zum 3:1 führte. 18.000 Hamburger waren dabei, eingeflogen (158 DM) bzw. per Bus (60 DM) oder in Pkw über die Interzonen-Autobahn gekommen.

Jener 20. Juni bedeutete den Abschied von Happel. Beim Bankett in Hamburg blieb sein Platz an Tisch 6 leer: Er zog sich in ein anderes Hotel zurück – was Manager Magath verstimmte.

Auch Sonntagvormittag hielten 3.000 Fans vergeblich nach dem Trainer Ausschau: Der stand nicht auf dem Rathausbalkon, sondern saß bereits im Flieger nach Wien. Bürgermeister Klaus von Dohnanyi gratulierte mit einer Videoanlage fürs Internat. HSV-Präsident Dr. Wolfgang Klein hatte die Überdachung des Volksparkstadions oder eine Rasenheizung erwartet …

Ernst Happel vollzog ein eher bitteres Fazit seiner sechs Jahre. „Mit der EC-Sieger-Mannschaft von 1983 würden wir heute mit Längen vor den Bayern führen." Der Verlust von Hrubesch und Bastrup sei „größer als geahnt" gewesen, Schatzschneider und Wuttke „Fehleinkäufe".

Dem Österreicher, der 1992 verstarb, widmete das HSV-Museum 2015 eine Sonderausstellung.

Euphorie sieht anders aus:
Ernst Happel präsentiert den DFB-Pokal.

Blau-weiß-schwarze Zahlenspiele

36
Begegnungen blieb der HSV vom 16.1.1982 bis 29.1.1983 in der Bundesliga mit Trainer Ernst Happel ungeschlagen.

99
Jahre war der HSV von 1919 bis 2018 erstklassig.

137
Treffer gelangen „Uns Uwe" in 239 Bundesliga-Spielen (Platz 19 in der „Ewigen Tabelle").

19
Elfmeter von 21 verwandelte Torhüter (!) Hans-Jörg Butt für den HSV.

17
Jahre, 2 Monate und 27 Tage war Josha Vagnoman alt, als er in der 70. Minute beim 0:6 bei Bayern München eingewechselt wurde – und damit der jüngste HSV-Spieler der Bundesligageschichte.

93
Punkte schreibt der „kicker" jeweils den HSV-„Sündern" zu. David Jarolim 82 Gelbe Karten, 2 Gelb-Rot, 1 Rot und Bernd Hollerbach 87/2/0.

14
Mio. € (HSV-Rekordsumme) bezahlte man 2016 an Absteiger VfB Stuttgart, um Filip Kostić zu verpflichten. Der verschwand nach dem Abstieg 2018 gen Frankfurt.

1866
Spiele bestritt der HSV in der Bundesliga von 1963 bis 2018 (Rang 5 in der „Ewigen Tabelle").

50.000
Besucher strömten 2019 ins HSV-Museum.

237
Tore erzielte Uwe Seeler in 267 HSV-Spielen in der Oberliga Nord (1954–1963).

55.867
gilt als höchster Zuschauerschnitt in einer Bundesliga-Saison (2006/07, 7. Platz, UI Cup-Quali).

Rot nach einer Rechten

Torhüter Uli Stein (geb. 1954 in Hamburg) kam 1980 von Arminia Bielefeld zum HSV. Zunächst als Nummer zwei hinter Josef Koitka (von Rot-Weiß Lüdenscheid).

Stein aber wurde unumstritten *der* HSV-Keeper, der von 1981 bis 1986 von 135 Bundesliga-Partien nur eine versäumte. Garant für den Triumph im Europacup und Deutsche Meisterschaften. Mit 42 Jahren, fünf Monaten, 19 Tagen war Stein 1995 ältester aktiver HSV-Bundesliga-Profi.

Ende gut, alles gut? Leider nein.

Denn Uli Stein ist eher durch Ausraster in Erinnerung geblieben. Dass er bei der WM 1986 in Mexiko Teamchef Beckenbauer ob dessen Werbung (1967) für Knorr als „Suppenkasper" bezeichnete, mag harmlos gewesen sein. Dem „Kaiser" war's egal, doch schickte der autoritäre DFB-Präsident Hermann Neuberger Stein vorzeitig nach Hause.

In der Bundesliga trafen Uli Stein zwei Platzverweise. Doch da war noch mehr. Beim DFB-Pokal 1986 in Augsburg beleidigte er nach einem Elfer den Schiri und flog raus. Als Jürgen Wegmann (Bayern München) im Supercup 1987 in Frankfurt das 2:1 erzielte, streckte ihn Stein mit einer Rechten nieder: zehn Wochen Sperre, Abschied vom HSV.

Der Torhüter fand in Eintracht Frankfurt einen neuen Arbeitgeber, wurde aber nach Kritik am Präsidium verabschiedet. Und kehrte zur Saison 1994/95 zurück zum HSV. Dessen Verantwortliche bezeichnete er als „Amateurverein-Funktionäre". Und so endete auch dieses Kapitel.

Uli Steins Rechte im Einsatz gegen Jürgen Wegmann (Nummer 9)

AHA!

Der Torwart im Sturm

HSV-Torschützenkönige in der Saison 1999/2000 waren mit jeweils neun Treffern Roy Präger, Anthony Yeboah – und Schlussmann (!) Hans-Jörg Butt. Der verwandelte in der 1. Liga 26 Strafstöße, davon 19 für Hamburg. Legendär die Sprechchöre im Volkspark bei Elfmetern: „Butt, Butt, Butt!!"

Aber es gibt auch Keeper, die in der Bundesliga aus dem Spiel heraus trafen. Sie hießen bislang Jens Lehmann (FC Schalke 04), Frank Rost (Werder Bremen, später HSV) und Marwin Hitz (FC Augsburg).

Die Chance, sich da einzureihen, hatte auch HSV-Torwart Richard Golz gehabt. Trainer Magath hatte ihm bereits vor Spielbeginn am 17. April 1996 im Ostseestadion Rostock angedeutet: „Wir haben keine Alternativen im Sturm." Zwar saßen gegen den FC Hansa beim 0:2-Rückstand nach dem Platzverweis von Carsten Kober noch die Offensiv-Kräfte Nadj und Ostermann auf der Bank. Magath aber entschied, den Stürmer Daniel Stendel auszuwechseln, an seiner Stelle Golz nach vorne zu beordern und Holger Hiemann ins Tor zu stellen. Teammanager Jürgen Ahlert funktionierte rasch die Rücken-Nummer des verletzten Sven Kmetsch von der 7 in eine 1 um. Den Namen für den neuen Stürmer Golz schrieb er aufs Tape-Band.

„Richie" Golz, der 13 Jahre beim HSV verbrachte, gestand später für diese Partie „zwei Viertelchancen" ein. Golz bestritt 453 BL-Spiele, erzielte aber kein Tor.

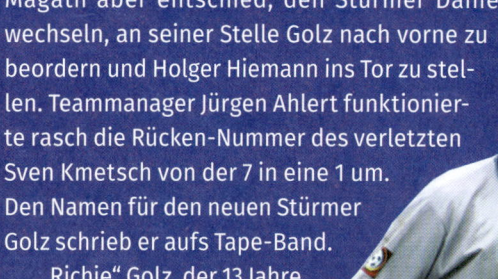

Auch als Stürmer gefragt: Keeper Richard Golz

101 HSV-Schallplatten!

Der HSV auf Tonträgern, das ist eine besondere Geschichte mit vielen musikalischen Höhen und Tiefen. Eine ganze Reihe von Spielern hat selbst zum Mikrofon gegriffen und mit Text und Noten jongliert.

Natürlich gehörte auch „Charly" Dörfel in diese illustre Runde. Der bekennende Elvis-Fan, Tierstimmenimitator und Weltklasse-Linksaußen sang kurzzeitig in der 1958 in Geesthacht gegründeten Rock'n' Roll-Band „Raimondos". Im Jahr 1965 nahm er dann für Polydor die Solo-Single „Das kann ich Dir nicht verzeih'n" auf – eine typische Schlagerschmonzette, die ihm nach eigenen Aussagen „wäsche-korbweise Fanpost" einbrachte.

Im Frühjahr 1979 nahm Kevin Keegan dann im Hamburger „Rüssl Tonstudio" von Otto Waalkes den Song „Head Over Heels in Love" auf. Smokie-Sänger Chris Norman hatte den Song zusammen mit Pete Spencer getextet und war zur Unterstützung des Fußballstars ebenfalls im Lentföhrdener Weg 21 am Start. Die EMI-Single wurde 500.000mal verkauft, schoss auf Platz 10 der deutschen Charts und verschaffte Keegan einige legendäre TV-Auftritte. Eigentlich wollte Norman das Duett mit Suzi Quatro singen, doch die hatte kein Interesse gezeigt.

Nicht ganz so erfolgreich, aber gesanglich durchaus überdurchschnittlich war Mannschaftskollege „Jimmy" Hartwig mit „Mama Calypso". Zu dieser Zeit gelang Stefan Hallberg der Stadion-Schlager „Wer wird Deutscher Meister?", der ihn schnurstracks in den musikalischen Olymp der Republik beförderte – in die Hitparade zu „Göttervater" Dieter Thomas Heck ...

Danach folgte eine große Flut von Liedern mit Rautenbezug, auf Vinyl und CD. Wer sich einen Überblick über die Tonträger verschaffen will, dem sei die Homepage www.fc45.de empfohlen. Dort haben sich die Wahl-Berliner Trevor Wilson und Michael Schäumer um die Diskografie des Fußballs verdient gemacht und eine Datenbank der deutschen Fußball-Tonträger eingerichtet.

Unter dem Stichwort „HSV" werden 101 Tonträger aufgelistet. Natürlich ist die langjährige Stadionhymne „Hamburg meine Perle" auch darunter. Abschließend ein kleiner Hinweis von einem Klugscheißer: der 1972 von Udo Jürgens aufgenommene Song „Vergiss den Uwe nicht", der in einer Kleinstauflage gepresst, aber nie veröffentlicht wurde, verdient unbedingt die Aufnahme in die Liste. (rk)

Bühnenerfahrung mit den Rock 'n' Rollern der „Raimondos" gesammelt: Schlagersänger Gert Dörfel

Kein Hit-Potenzial: Jimmy Hartwig

Kevin Keegan sprang im Studio von Otto Waalkes für Suzi Quatro ein – und landete einen Hit!

Kai Falke taumelt durch die Nacht

Nein, niemand muss nun obigen Namen nachschlagen, denn weder spielte Kai Falke jemals beim HSV noch gegen ihn. Er ist eine international publizierte Comic-Figur: gezeichnet vom Belgier Raymond Reding, die Texte lieferte Francoise Hugues.

Die Story von Band 3 der Kai Falke-Reihe lässt den blonden, hochgewachsenen Stürmer des FC Barcelona beim HSV auflaufen. Und bildet bis ins Detail reichlich Hamburg ab: „Michel" und „Telemichel", St. Pauli-Landungsbrücken, ja sogar Wegweiser nach Friedrichsgabe und Harksheide! Selbstverständlich auch Volksparkstadion und Rothenbaum, das Trainingsgelände Ochsenzoll samt dem damaligen Vereinslokal „Lindenhof".

Der Titel „Ein harter Schlag" schildert einen Platzverweis von Falke nach angeblichem Foul an Kevin Keegan. So taumelt der Comic-Held fortan traurig durch die nächtliche Stadt, ehe ihm mitleidige Hanseaten ein Bier spendieren.

Kai Falke wurde in Deutschlands erstmals 1980 durch „ZACK – Das große europäische Comic-Magazin" bekannt, doch erschienen damals lediglich vier Hefte aus der Serie. Die kompletten 15 Ausgaben hat nun https://salleckpublications.eu aufgelegt.

Sein „Gegenspieler" Keegan hat es ebenfalls in „ZACK" geschafft: Im März 1980 neben „Dan Cooper" und „Häuptling Feuerauge". Für zwei DM durfte man sich über „Kevins Supertricks" informieren und konnte mit Glück auch noch Fußballschuhe, -trikots oder -bälle gewinnen.

Wer sich nach Ölkrise und Fahrverbot (1973) Gedanken machte, wurde bereits 1979 in „Super Kevin's Abenteuer", einem Werbe-Comic des Mineralölunternehmens BP, das HSV-Sponsor war, beraten. „Stoppt den Energie-Galopp!" lautete einer der Slogans, den der HSV-Star für geschätzte 30.000 DM Honorar verkünden musste.

Comic-Star Kai Falke im Volksparkstadion: auch international im Geschäft

Tops und Flops und legendäre Spiele

Der HSV geht auf das Jahr 1887 zurück, gegründet 1919. Insofern wird jede und jeder für die folgende Aufstellung Anderes erinnern.

Gesonderte Kapitel gelten der „Barcelona"-Trilogie, dem grandiosen 5:1 gegen die „Königlichen" – aber auch dem „Werder-Trauma".

Und Arminia Hannover ist auch drin: Einzige zweistellige Pflichtspiel-Niederlage!

Dramatik pur jedenfalls: 2010 in der Europa League raus – das Endspiel fand in Hamburg statt ... Oder 2017 dank Luca Waldschmidts Tor in der 88. Minute der Klassenerhalt.

Da brachen alle Dämme: Douglas Santos, Tom Mickel, Bakery Jatta, Lewis Holtby, Torschütze Luca Waldschmidt und Bobby Wood (v. l.) bejubeln das erlösende Tor zum 2:1 gegen Wolfsburg am letzten Spieltag der Saison 2016/17.

10.6.1923, Deutsches Stadion, Berlin
Hamburger SV – Union Oberschöneweide (Berlin) 3:0
Erstmals Deutscher Fußball-Meister, 64.000 Zuschauer (Rekordbesuch)

29.7.1928, Stadion Altona, Altona
Hamburger SV – Hertha BSC Berlin 5:2
Erneut Deutscher Fußball-Meister, 42.000 Zuschauer

13.7.1947, Rheinstadion, Düsseldorf
Hamburger SV – Borussia Dortmund 1:0
Endspiel Britische Zone, 57.000 Zuschauer

6.6.1973, Volksparkstadion, Hamburg
Hamburger SV – Borussia Mönchengladbach 4:0
Endspiel DFB-Liga-Pokal, 30.000 Zuschauer

26.6.1976, Waldstadion, Frankfurt
Hamburger SV – 1. FC Kaiserslautern 2:0
DFB-Pokal-Sieger, 61.000 Zuschauer

11.5.1977, Olympiastadion, Amsterdam
Hamburger SV – RSC Anderlecht 2:0
Erster europäischer Titel (Europapokal der Pokalsieger), 58.000 Zuschauer

22.11.1980, Volksparkstadion, Hamburg
Hamburger SV – Rot-Weiß Frankfurt 11:0
Höchster Pflichtspiel-Sieg seit 1963, 3. Runde DFB-Pokal

28.7.2003, Stadion am Bruchweg, Mainz
Hamburger SV – Borussia Dortmund 4:2
Endspiel DFB-Liga-Pokal, 16.700 Zuschauer

9.8.2005, AOL Arena, Hamburg
Hamburger SV – FC Valencia 1:0 (Rückspiel 0:0)
Finale UI Cup (eines von dreien), für den UEFA Cup qualifiziert, 55.386 Zuschauer

18.8.1940, Forsthaus-Platz, Bremen, Tschammer Pokal
ASV Blumenthal – Hamburger SV 3:1

18.7.1948, Stadion Rote Erde, Dortmund, Viertelfinale Deutsche Meisterschaft
SpVgg Neuendorf (Koblenz) – Hamburger SV 2:1

30.12.1961, Weserstadion, Bremen, 2. Runde DFB-Pokal NFV-Ebene
Werder Bremen A. – Hamburger SV 3:0

7.3.1964, Stadion an der Grünwalder Straße, München, 23. Spieltag der Bundesliga
TSV 1860 München – Hamburger SV 9:2

26.9.1970, Niederrhein-Stadion, Oberhausen, 8. Spieltag der Bundesliga
Rot-Weiß Oberhausen – Hamburger SV 8:1

26.10.1974, Kraichgaustadion, Eppingen, 2. Runde DFB-Pokal
VfB Eppingen (1. A.-Liga Nordbaden) – Hamburger SV 2:1

28.5.1980, Estadio Bernabéu, Madrid, Endspiel Europacup der Landesmeister
Nottingham Forest – Hamburger SV 1:0

26.11.1980, Volksparkstadion, Hamburg, Achtelfinale UEFA-Cup
Hamburger SV – AS St. Etienne 0:5 (Rückspiel 0:1)

19.5.1982, Volksparkstadion, Hamburg, 2. Endspiel UEFA-Cup
Hamburger SV – IFK Göteborg 0:3 (Hinspiel 0:1)

1.9.1984, Stadion Eybacher Tal, Geislingen, 1. Runde DFB-Pokal
SC Geislingen (Oberliga BW) – Hamburger SV 2:0

23.9.2018, Volksparkstadion, Hamburg, 6. Spieltag der 2. Bundesliga
Hamburger SV – Jahn Regensburg 0:5 (höchste Zweitliga-Niederlage)

12.5.2019, Benteler-Arena, 33. Spieltag der 2. Bundesliga
SC Paderborn – Hamburger SV 4:1 (Wiederaufstieg verfehlt)

16.9.2019, Millerntor, Z: 29.226 / 22.2.2020, Volksparkstadion, Z: 57.000, 2. Bundesliga
jeweils 0:2 gegen FC St. Pauli (dessen einziger saisonaler Auswärtssieg)

28.6.2020, Volksparkstadion, Hamburg, 38. Spieltag der 2. Bundesliga, Zuschauer: keine
Hamburger SV – SV Sandhausen 1:5 (Relegation verfehlt)

Legendäre Spiele

21.2.1954, Bischofsholer Damm, Hannover, 25. Spieltag Oberliga Nord
Arminia Hannover – Hamburger SV 10:2 (einzige zweistellige Pflichtspiel-Niederlage)

15.3.1961, Volksparkstadion, Hamburg, Viertelfinale Europacup der Landesmeister
Hamburger SV – FC Burnley 4:1 (Hinspiel 1:3)

11.11.1962, Niedersachsenstadion, Hannover, 12. Spieltag Oberliga Nord, Zuschauer 55.000 bis 62.000 (Ligarekord)
Arminia Hannover – Hamburger SV 2:1

1.6.1976, Olympiastadion, München, DFB-Pokal Halbfinale Wiederholungsspiel (Hin 2:2 n. V.)
FC Bayern München – Hamburger SV 0:1

24.4.1982, Olympiastadion, München, 29. Spieltag der Bundesliga
FC Bayern München – Hamburger SV 3:4

11.12.1983, Olympiastadion, Tokio, Z: 62.000, Endspiel Weltpokal (erstmals HSV)
Gremio Porto Alegre (Brasilien) – Hamburger SV 2:1 n. V.

13.9.2000, Volksparkstadion, Hamburg, Vorrunde Champions League
Hamburger SV – Juventus Turin 4:4

29.4.2010, Craven Cottage, London, Z: 22.500, Halbfinale Europa League
Fulham FC – Hamburger SV 2:1 (Hinspiel 0:0)

18.5.2014, Trolli-Arena, Fürth, Bundesliga-Relegation
SpVgg Greuther Fürth – Hamburger SV 1:1 (Hinspiel 0:0)

1.6.2015, Wildparkstadion, Karlsruhe, Bundesliga-Relegation
Karlsruher SC – Hamburger SV 1:2 n. V. (Hinspiel 1:1)

20.5.2017, Volksparkstadion, Hamburg, 34. Spieltag der Bundesliga
Hamburger SV – VfL Wolfsburg 2:1 (Klassenerhalt!)

POPULÄRER IRRTUM

Harry „starb" auf der Tartanbahn

Nach dem Erstliga-Abstieg 2018 verschwanden „Perle"-Hymne und Bundesliga-Uhr. Es blieb das Maskottchen „Dino", „geboren" am 24. August 2003.

„Dino Hermann" (Rieger) hatte einen Vorgänger. Er hieß „Harry, die Hummel" und endete bei seiner Premiere am 21. August 1993 als trauriger Rest auf der Tartanbahn im Volksparkstadion. Denn aus der Plastikhülle war die Luft entwichen.

HSV und „Hamburger Abendblatt" hatten die Maskottchen-Suche gestartet. Internet und E-Mail gab es noch nicht – so war die Beteiligung mit 584 Personen bescheiden.

„Seehund Uwe" fiel durch. Deshalb kaufte die Firma „Mega-Sport" die Lizenz für „Harry, die Hummel" für 100.000 DM und veräußerte Fanartikel (u. a. T-Shirts für je 25 DM, Sweatshirts für 45 DM). Ein Kassenschlager wurde das nicht, denn das „Hamburger Abendblatt" als Mitinitiator enthüllte eine „Schmierenkomödie": Weder waren bei der Maskottchen-Wahl die vierköpfige Jury noch die Abstimmung berücksichtigt worden.

Seitens des HSV teilten Präsident Jürgen Hunke und Manager Heribert Bruchhagen mit, von alldem nichts gewusst zu haben. Alle Unterlagen zu dem Vorgang hätte die Geschäftsstelle vernichtet.

So blieb „Harry" das kurzlebigste Maskottchen der Fußball-Bundesliga.

Ein kompletter Misserfolg: Maskottchen „Harry, die Hummel" ruht nun in einer Vitrine des HSV-Museums, wird aber auch noch bei Ebay gehandelt.

POPULÄRER IRRTUM

Verpfiffen!

Am 21. August 2004 schied der Bundesliga-Tabellenletzte HSV in der 1. Runde des DFB-Pokal beim SC Paderborn (3. Liga) aus. Auf der „kicker"-website ist heute noch zu lesen: „HSV kassiert eine blamable 2:4-Niederlage."

Dieses Spiel war irregulär (weshalb es auch eine entsprechende Anmerkung beim „kicker" gibt). Der angebliche Unparteiische Robert Hoyzer verpfiff die Hamburger nach Strich und Faden.

Als Hoyzer nach Aussagen von Schiedsrichter-Kollegen fast ein halbes Jahr später seine Manipulation gestand, war der Pokalzug für den HSV längst abgefahren. Dessen Wiedereingliederung in den Wettbewerb lehnte der DFB-Sportausschuss ab. Der damalige HSV-Vorstandsvorsitzende Bernd Hoffmann aber stritt vehement, was sich auszahlte: 500.000 € Entschädigung plus 1.5 Mio. aus einem Länderspiel gegen China im Volksparkstadion.

„Hier entscheide ich!": Der betrügerische „Unparteiische" Robert Hoyzer schickt Emile Mpenza im DFB-Pokal am 21.8.2004 in Paderborn in der 36. Minute vom Platz.

Der korrupte Hoyzer, den eine Berliner Wett-Mafia (Erlös aus der Bestechung: 780.000 €) mit 67.000 € und einem Flachbild-Fernseher honorierte, wurde zu zwei Jahren und fünf Monaten Haft verurteilt. Und wegen „guter Führung" vorzeitig entlassen.

Neben dem HSV war Hauptleidtragender Trainer Klaus Toppmöller. Nach der angeblichen Pokal-Pleite und einem nicht so gelungenen Bundesliga-Start wurde er am 16. Oktober 2004 durch Thomas Doll ersetzt.

Der HSV war Toppmöllers letzter Bundesliga-Job.

Bonbonrosa

Fußballtrikots waren in Deutschland bis in die 1970er Jahre meistens einfarbig, längs- oder quergestreift. Aber auch „Designtrikots" gab es schon frühzeitig, obwohl man das Wort noch nicht benutzte.

Germania, die HSV-Vorläuferin, trug vor dem 1. Weltkrieg bereits Jerseys … ja, wie nannte man die? Vielleicht „gehälftelt", links blau, rechts weiß, bei den Ärmeln war´s umgekehrt. Diese Mode übernahm später der brasilianische Verein Germania Sao Paolo, den Hamburger Auswanderer mitgründeten.

Und schließlich kam Werbung vorne drauf. Remington? Ein US-Unternehmen, das seit 1816 Büchsen und Pistolen produzierte und erst viel später für Schreibmaschinen und Computer, dann Rasierer und Lockenstäbe bekannt wurde. Frankfurts Pokalsieger-Kapitän Grabowski allerdings zeigte Campari-Werbung auf dem Trikot: Hemdentausch mit dem Verlierer HSV, damit hatte keiner gerechnet (s. S. 44).

Aller Anfang war schwer, aber in diesem Fall prickelnd. Erst seit dem Januar desselben Jahres trug der HSV erstmals Trikots mit Werbung, was damals 800.000 Mark für zweieinhalb Jahre einbrachte. Darauf hatten sich Präsident Dr. Peter Krohn und Campari-Chef Edgar Jarchow geeinigt, dessen Sohn Carl-Edgar später selbst HSV-Präsident war.

Etliche Marken sind seither aufeinander gefolgt und

Joris Mathijsen mit dem „Fly Emirates"-Trikot. Nach 14 Jahren stellte die Fluggesellschaft aus Dubai 2020 ihr HSV-Sponsoring ein.

haben eingezahlt, darunter „TV-Spielfilm", eine Zeitschrift, die sich aber 1995 wegen Konzeptlosigkeit (des Vereins) vom HSV distanzierte, so dass die Mannschaft in Kaiserslautern „mit blanker Brust" bzw. der Aufschrift HSV auflaufen musste.

Derlei Anspielungen sind heute gar nicht mehr statthaft, hatten aber im Sommer 2020 ein Comeback, als der langjährige Partner Emirates sich vom Zweitligisten verabschiedete. Nachfolger wurde Orthomol (Nahrungsergänzungsmittel).

In der Campari-Zeit gab es vorübergehend eine neue Trikotfarbe: das so genannte Bonbonrosa, geziert mit langem spitzen Kragen in Blau. Darüber spotteten Traditionalisten.

Sie ahnten nicht, in welch abgedrehten Designs der HSV in späteren Jahren noch auflaufen würde. Inzwischen hat sich das Ganze beruhigt und keinem Gegenspieler wird mehr schwindlig. Als 2016/17 wieder „Shock Pink"-Trikots auftauchten, war das für viele Fans ein „farblicher Fehlgriff, angelehnt an einen sexistischen Werbe-Ausrutscher aus den 1970er Jahren, so das Fanzine „Bahrenfelder Anzeiger" (Nr. 1). (jrp)

„Bonbonrosa – diese Farbe gefällt Frauen!", so Manager Dr. Peter Krohn (l.), hier mit dem Bundesliga-Kader 1976/77

„Messias" an der Alster

Ein Traumpaar, wie geschaffen für die vermeintliche Weltstadt Hamburg: Fußballstar Rafael van der Vaart, der zur Randgruppe der niederländischen *woonwagenbewoners* gehörte, und Sylvie Meis, Moderatorin u. s. w.

Speisten beide in Eppendorf im damaligen „Casa de Aragon", Eppendorfer Weg 240, wurde eigens eine Spanische Wand aufgestellt, um ihre Privatsphäre zu schützen. Umgezogen ins Penthouse „Eppendorfer Palais", brach die Liaison allerdings 2013 in einer turbulenten Silvesternacht entzwei. Anstelle von Sylvie trat Sabia Boulahrouz, deren Ehemann Khalid („der Kannibale") mit „Rafa" beim HSV spielte.

Vermeintliches Traumpaar: Rafael van der Vaart, damals noch bei Ajax, 2005 mit Freundin Sylvie, MTV-Moderatorin

Jetzt aber genug mit Klatsch und Tratsch!

In seiner ersten HSV-Zeit ab 2005 war der sympathische van der Vaart mit herausragend in einem Ensemble, das auf internationalem Niveau spielte. Naiv entschied er sich noch vor Ablauf seines Fünf-Jahres-Vertrags statt für die Raute für die Fledermaus (im Wappen des FC Valencia). Der Verein ließ ihn nicht gehen, erst 2008 zu Real Madrid.

2012 kehrte „der Messias" zurück zum HSV, erfüllte – wie die gesamte Mannschaft – aber nicht mehr die Erwartungen. 2013/14 war er verletzt, erlebte in einer Saison drei Trainer (Fink, van Marwijk, Slomka) und die Relegation gegen Fürth. Dasselbe nochmals 2015 gegen den KSC. Den Satz von Marcelo Díaz, der an seiner Stelle mit den Worten: *„Tomorrow, my friend!"* den Freistoß in der Schlussminute verwandelte, dementiert „Rafa" (Endstand 2:1 n. V.).

POPULÄRER IRRTUM

Kein Hattrick mit „Hâttric"

Ein Hattrick bedeutet drei Tore in einer Halbzeit. Leider wird dieser Begriff immer noch mit drei Toren in einem Spiel missdeutet.
Wer also erzielte tatsächlich den ersten HSV-Bundesliga-Hattrick? Vermutlich wäre die häufigste Antwort: Uwe Seeler (der bekanntlich für das Rasierwasser Hâttric mit Akzent und ohne ck warb)! Jedoch gelang ihm das nie. Ganz im Gegensatz zur höchsten regionalen Spielklasse Oberliga Nord (bis 1963).

Dann herrschte 44 Jahre Hattrick-Pause beim HSV! Bis zum 4:1 gegen den Deutschen Meister VfB Stuttgart am 20. Oktober 2007 im mit 57.000 ausverkauften Hamburger Stadion. Der Kroate Ivica Olić traf in der 7., 22. und 35. Minute (Vorlagen: Zidan, Demel, Jarolim).

Olić' Nachfolge trat an einem Sonntagnachmittag 2013 beim 5:0 in Nürnberg die Leihgabe von Hertha BSC, Pierre-Michel Lasogga, an: Drei Tore in 7:21 Minuten – das bedeutete HSV-Rekord!

Denn Robert Glatzel (geb. 1994) benötigte am 6.2.2022 beim sensationellen 5:0 bei Zweitliga-Tabellenführer Darmstadt 7:45 Min. (5., 10., 13. Min. sowie Endstand 88. Min.). Unangetastet blieben somit auch die 2. BL-Vier-Minuten-Hattricks von Werner Lenz (geb. 1954, Union Solingen, 4.11.1979 9:1 gg. OSV Hannover, 62., 65. 66. Min.) und Helmut Hampl (1950-2021, Hessen Kassel, 20.8.1983 3:1 beim 1. FC Saarbrücken, 78., 79., 82. Min.); dessen Teamkamerad war Ex-HSVer Klaus Zaczyk.

Historischer 20. Oktober 2007: Zidan, Trochowski und Atouba feiern nach 44 Jahren Wartezeit (!) den ersten HSV-Hattrick in der Bundesliga von Ivica Olić.

„Halt die Klappe!"

„Ich trage die Raute seit frühester Kindheit im Herzen": Oliver „Olli" Dittrich (geb. 1956) ist Dauerkarten-Besitzer, 25.000. Mitglied und bekam (als Nr. 120) 2012 sogar einen Sticker im Jubiläums-Sammelbilderheft. Klar, dass in seinem „Improvisationskammerspiel" im Fernsehen mit Titel „Dittsche" oft der HSV vorkommt.

Der Langzeitarbeitlose im Bademantel ist in der WDR-Sendung seit 2004 Stammgast in einem Imbiss, der tatsächlich existiert: „Eppendorfer Grill-Station", Eppendorfer Weg 172.

Dort stellte sich dann auch Uwe Seeler ein – „ein reiner Titan!" („Dittsche"). Alles Bitten von Wirt „Ingomann" (Jon Fleming Olsen), das Idol in Ruhe sein Bier trinken zu lassen, half nichts. Angesprochen, antwortete Seeler mit dem Spruch, den an dieser Stelle stets Franz „Schildkröte" Jarnach (1943–2017) parat hatte: „Halt die Klappe! Ich hab Feierabend!"

Seine erste Begegnung mit Uwe hatte Dittrich, als er den HSV-Star um ein Autogramm fürs „ARAL-WM-Album 1966" bat. Jedoch, der Kugelschreiber funktionierte ob der Kälte nicht. Seelers Kommentar: „Junge, kauf Dir mal 'nen anständigen Stift!" Die Unterschrift hat Dittrich später doch noch bekommen.

Auch Hamburgs damaliges „Traumpaar" Sylvie Meis und Rafael van der Vaart besuchte „Dittsche". Ein weiterer Gast war HSV-Leihspieler Ailton, dessen Mannschaftskamerad Daniel van Buyten ihm half, im Imbiss eine Kiste Bier abzuholen.

Als Uwe Seeler bei der Hamburger Sportgala 2006 den Ehrenpreis für sein Lebenswerk erhielt, war „Olli" Dittrich alias „Dittsche" der Laudator.

POPULÄRER IRRTUM

Gefälle statt Gipfel

Man könnte (auch) diesen Beitrag mit den Bemerkungen beginnen: Das waren noch Zeiten! Erinnert ihr euch? Es war einmal …

Nord-Süd-Gipfel bezeichnete die Begegnungen des HSV mit Bayern München in der Bundesliga. Ein Begriff, der noch fortgeschrieben wurde, als die Bajuwaren (30-mal Deutscher Meister, 2013 bis 2022 in Folge) den Hanseaten sportlich wie finanziell längst enteilt waren.

Der HSV war bereits da, als der FC Bayern 1965 zwei Jahre nach Gründung der Bundesliga ankam. Beckenbauer übrigens debütierte in der Aufstiegsrunde beim 4:0 gegen den FC St. Pauli im Volksparkstadion.

Auf Augenhöhe mit den Bayern spielte der HSV tatsächlich längere Zeit. Aus heutiger Sicht geschmacklos kommentierte damals ein Springer-Presse-Autor: „Der HSV war der couragierte Antipode zum allseits verhassten FC Bayern."

Danach kam es ganz anders. Weshalb der letzte HSV-Punktspiel-Erfolg gegen den Rekordmeister – Torschütze im Heimspiel „bei arktischen Temperaturen" Mladen Petrić vor 57.000 Zuschauern –, vom 30. Januar 2009 datiert. „So laut war es in der ‚Nordbank-Arena' nur selten", hieß es, und die Gastgeber waren sogar vorübergehend Tabellenführer.

Danach gerieten insbesondere Auswärtsreisen nach München für Fans und Daheimgebliebene zur Tortur. Acht Gastspiele beim FC Bayern, null Punkte, Torverhältnis 3 zu 50.

Eben: Es war einmal.

Andere Zeiten: Hrubeschs Querlatten-Akrobatik nach seinem Tor 1981 gegen Bayern München (Endstand 4:1 für den HSV)

„Außer Hermann könnt ihr alle geh'n!"

„Für immer unser bester Mann, den niemand je ersetzen kann." Diese Nordkurven-Choreo am 22. April 2014 galt keinem Spieler, sondern dem Physiotherapeuten Hermann Rieger (geb. 1941), der in Folge einer langjährigen Krebserkrankung verstarb.

„Hermann the German" (Ski-star „Rosi" Mittermaier) war bekannt für seinen Gruß „Servus Burschi!" – ein oberbayerisches „Urviech" eben. Zu Lebzeiten wurde im Geburtsort Mittenwald ein Weg nach ihm benannt.

Rieger verkörperte das, was es kaum noch gibt: Kontinuität und Vereinstreue.

26 Jahre verbrachte „der ungekrönte König der Masseure" (ZDF) beim HSV. Und erlebte große Jahre, aber auch miserable Vorstellungen, bei denen die Fans skandierten: „Außer Hermann könnt' ihr alle geh'n!"

Beim Stadion: Riegers Bronzestatue, geschaffen von Pedro Requejo, der auch Papst Paul II und Mutter Teresa verewigte

Seit 1971 Trainer beim Deutschen Ski-Verband (DSV), absolvierte der Skilehrer eine Ausbildung als Physiotherapeut und heuerte 1977/78 bei Bayern München an. Als Masseur Erich Deuser bei der Nationalmannschaft ausfiel, vertrat Rieger ihn für zehn Tage. Und machte die Bekanntschaft von Manfred Kaltz, der ihn beim HSV empfahl. Manager Netzer: „Hermann war eine meiner besten drei Verpflichtungen."

Spieler und Trainer kamen und gingen, aber Hermann Rieger war von 1978 bis 2004 immer da. Lag ein Spieler verletzt darnieder, ertönten im Stadion die Rufe: „Hermann, Hermann!"

Zum Kultlokal der HSV-Fans wurde das Mittenwalder „Flößerstüberl", Stammlokal ihres Idols (2016 geschlossen). Auf der Speisekarte stand auch ein „HSV-Toast".

Der größte HSV-Fanclub „Hermann's treue Riege" (www.hsvhtr.de) aus Alfstedt (Landkreis Rotenburg/Wümme) besteht seit 1994. Dessen Präsident Norbert Hadeler nahm den schwer erkrankten Witwer auf. Und 2003 erfand der HSV das Maskottchen „Dino" (siehe S. 76) – Vorname Hermann.

Keinem anderen Bundesliga-Masseur wurden zu Lebzeiten und posthum so viele Ehren zuteil. 2004 gab es ein Abschiedsspiel mit unzähligen Promis. Der Trauerfeier im Stadion wohnten 8.000 Anhänger bei. Lotto King Karl, den der Oberbayer auf mehr als 100 Konzerten begleitete, widmete ihm auf dem Album „360 Grad" einen Song.

Seit 2015 (1. Todestag 18. Februar) ist Rieger als Bronzestatue, 1,90 m groß und 130 kg schwer, vor dem Stadion am Nord-Ost-Eingang präsent. Geschaffen vom spanischen Bildhauer Pedro Requejo Novoa, ermöglicht auch durch 30.000 € Spenden der Anhänger.

Ein Liebling der Fans: Trauer-Kundgebung für Hermann Rieger am 19. Februar 2014 am Walk of Fame

POPULÄRER IRRTUM

„Ruft nie wieder an!"

Die Geschichte ist leider wahr, vom Betroffenen in mehreren Interviews bestätigt. Und der heißt Jürgen Klopp. Diplom-Sportwissenschaftler, langjähriger Zweitliga-Profi von Mainz 05 und dortiger Erfolgstrainer, im Sommer 2008 beim HSV als Nachfolger von Huub Stevens im Gespräch.

Bernd Hoffmann und Vorstandskollegin Katja Kraus hatten für den Schwarzwälder plädiert. Aber Sportchef Dietmar Beiersdorfer und sein Berater Dr. Dieter Gudel (bis Ende 2018 Leiter der HSV-Nachwuchsabteilung) wollten Genaueres wissen und ließen die Trainer-Kandidaten durch Scouts „täglich von morgens acht Uhr bis Feierabend beschatten" („Sport-Bild"). Neben Klopp galt dies für Fred Rutten aus Enschede („Trainer des Jahres"), Christian Gross (FC Basel) und Bruno Labbadia (Fürth).

Rutten „gewann", unterschrieb aber auf Schalke (in der Saison beurlaubt).

Jürgen Klopp fiel durch. Obwohl Hoffmann, Kraus und Beiersdorfer bereits mit ihm verhandelt hatten und der Kandidat samt Ehefrau in Hamburg auf Wohnungssuche war. Der oder die HSV-Scouts „ermittelten" zu Klopp: Unpünktlich; Löcher in den Jeans; Drei-Tage-Bart; flapsiger Umgang mit der Presse; Raucher – sowie ein Beiname „Kloppo", der nicht für Autorität stehe. Es hieß, dieser Trainer passe nicht ins „seriöse Hamburg".

Klopp, der von dem seiner Ansicht nach „dilettantischen Vorgehen" des HSV erfuhr, sagte Beiersdorfer ab: „Ruft nie wieder an!"

Für den HSV nicht seriös genug: Jürgen Klopp

Das Werder-Trauma

Was im Frühjahr 2009 geschah, blieb den Hamburger Beteiligten lange in Erinnerung. „Dieses Trauma der letzten 19 Tage wird aus der HSV-Geschichte nicht mehr zu tilgen sein", bemerkte Vereinspräsident Bernd Hoffmann. Trainer Martin Jol wurde deutlicher: „Ich kann Bremen nicht mehr sehen."

Das Drama aus Sicht des HSV, der letztmals 1987 einen Titel gewonnen hatte, begann zuhause im DFB-Pokal-Halbfinale. 1:1 n. V., Elfmeterschießen, in dem Werder-Torhüter Tim Wiese die Tor-Versuche von Jansen, Olić und (Jérôme) Boateng vereitelte. Hamburg blieb das nächste Halbfinale, im UEFA-Pokal. 1:0 in Bremen, das Finale in Istanbul in Sicht. Im Rückspiel stand es 1:2, als Michael Gravgaards Rückpass auf Torwart Frank Rost eine Papierkugel im Weg war (Teil der Hamburger „Chosen Few"-Choreografie). Der Ball versprang ins Seitenaus, Ecke für Werder, 1:3 (Endstand 2:3). Die womöglich mitentscheidende faustgroße Zellulose-Kugel ist heute Exponat des Wuseums im Weserstadion. Ein Hamburger (!) Werder-Fan ersteigerte das Teil für 4.510 € bei Ebay für das Kinderhospiz Syke.

Beste Saison, aber letztlich schlimme 19 Tage: Ivica Olić vor Bremens Diego am Ball

Schließlich verlor der HSV das Punktspiel in Bremen 0:2. Wiese per Megaphon: „Scheiß HSV!" Seine (reduzierte) DFB-Strafe von 8.000 € zahlte der Verein.

Bernd Hoffmann 2019 in der „FAZ": „2008/09 war die erfolgreichste Saison des HSV seit 20 Jahren." Womit er bis zum Erscheinen dieses Buches Recht behalten sollte.

Ab ins Museum

Es war einmal eine Bundesliga-Uhr im Stadion. Sie war 2003 zwischen den Blöcken 22 A und 22 B angebracht worden und zeigte auf die Sekunde genau an, wie lange der HSV schon in der Bundesliga gespielt hatte, nämlich seit dem 24. August 1963, 17 Uhr.

Am 12. Mai 2018 absolvierte der HSV sein (vorerst) letztes Spiel als Erstligist, und obwohl die Uhr ob der Abstiegsnöte in den Vorjahren schon lange in der Diskussion gestanden hatte, brachten es die Verantwortlichen auch jetzt nicht über das Herz, sich von ihr zu trennen. Statt „In der Bundesliga seit:" war der Anzeige nun ein „Tradition seit:" vorangestellt, und da das Gründungsjahr 1887 mehr als 99 Jahre zurückliegt, musste noch eine „1" vor die Anzeige gepinselt werden.

Erst nach dem verpassten sofortigen Wiederaufstieg in die Bundesliga 2019 trennte man sich vom Zeitmesser, der insgesamt 17 Jahre im Stadion gehangen hatte, wobei es eigentlich zwei Uhren waren. Die erste blieb bis zum Herbst 2012, erwies sich dann als nicht mehr reparabel. Im Frühjahr 2013 wurde der Nachfolger enthüllt.

Ganz verschwinden wird die 17,13 Meter lange und 1,09 Meter hohe Uhr übrigens nicht. Spätestens 2025 soll sie im Deutschen Fußballmuseum in Dortmund zu sehen sein.

Heute steht an gleicher Stelle im Stadion in weißen Lettern 53°35'14" N 9°53'55" O, die Position des Anstoßpunkts – unabhängig von der Spielklasse. (sp)

POPULÄRER IRRTUM

„Gurkentruppe"

Als der HSV in die Spielzeit 2016/17 ging, hatte sich bei einem beträchtlichen Teil des Fußball-Publikums nach zwei glücklich überstandenen Relegationen eine gewisse Antipathie gegen den „ewigen Bundesligisten" breit gemacht.

Als Tabellenletzter im mit 50.000 Zuschauern ausverkauften Stadion in Müngersdorf sah sich der HSV am 30. Oktober 2016 beim 0:3 mit einem Transparent der Kölner Fan-Kurve konfrontiert, Aufschrift: „Kühne – 11 Gurken aus'm Glas."

Das bezog sich u. a. auf „Kühne Schlemmertöpfchen", die anscheinend auch in kölschen Kühlschränken vorhanden waren.

Kölner Fan-Spott 2016

Tatsächlich hat die Carl Kühne AG, einer der größten Gurken-Produzenten Europas, ihren Sitz in Hamburg. Und war Sponsor des HSV. Im blog hsv-arena.hamburg schrieb 2019 ein „Meikel": „Kühne-Gurken" sei der passende Trikot-Sponsor der „Gurkentruppe".

Der sogenannte HSV-Edelfan und -Förderer ist allerdings Klaus-Michael Kühne (geb. 1937). Der Mehrheitsaktionär des internationalen Logistik-Dienstleisters Kühne + Nagel nimmt mit einem Vermögen von 33 Mrd. $ in der Rangliste der reichsten Deutschen Rang vier ein. Er hält 15,21 % Anteile an der HSV Fußball AG (Ausgliederung 2014) und hat in den Klub nach eigenen Angaben 100 Mio. € investiert.

Die Bezeichnung „Gurkentruppe" ist, liest man die ostdeutsche Tagespresse in der Niederlausitz nach, übrigens legitim. So heißt dort nämlich der Handballclub Spreewald.

Pietà auf'm Platz

Das 3:1 des FC Bayern-Verfolgers HSV am 3. Dezember 2005 gegen den abstiegsbedrohten 1. FC Köln bedeutete den 600. Bundesliga-Sieg der Hamburger.

Wesentlich war aber etwas Anderes. Als Benjamin Lauth das 2:0 erzielte, gab es „einen Hagel von Gegenständen" aus dem Kölner „Fan"-Block in Richtung jubelnder Spieler der Gastgeber. Der 21-jährige Alexander Laas wurde von einem Trommelstock am Kopf getroffen. Blutüberströmt musste er vom Spielfeld. Hinaus trug ihn Abwehr-Hüne Daniel van Buyten.

„Dieses Bild ging um die Fußballwelt!", teilte die „Hamburger Morgenpost" mit.

Tatsächlich ähnelte die Fotografie der Pietà von Michelangelo im Petersdom in Rom: Schmerzensmutter Maria trägt in ihrem Schoß den Leichnam von Jesu Christi – abendländische Kunst vom Ende des 15. Jahrhunderts.

Alexander Laas wurde verarztet und konnte noch bis zur 89. Minute mitwirken.

Der 1. FC Köln veröffentlichte für 30.000 € eine Entschuldigung in der Hamburger Presse und der „Attentäter" („Die Welt") stellte sich: Der 19-jährige „Zivi" kam mit Vater und Anwalt ins HSV-Stadion-Restaurant „Raute" und gestand gegenüber Laas: „Es war wohl ein Blackout." Wie seine Strafe ausfiel, weiß man nicht.

Auch nicht, ob ihn das Karnevals-Lied „Denn wenn et Trömmelche jeht" der „Räuber", heute Tor-Hymne des 1. FC Köln, inspiriert hatte.

„HSV-Pietà" 2005: Daniel van Buyten trägt den verletzten Alexander Laas.

Uwes Fuß: Mittelpunkt des Walk of Fame im Volkspark. Dem im Juli 2022 verstorbenen Uwe Seeler zu Ehren legen Fans Kerzen, Blumen und Schals nieder

Die größte Fuß-Skulptur der Welt

Den Hollywood Walk of Fame in Los Angeles mit 2.690 Steinen gibt es seit 1960. Deutschlands ersten Fußball-Walk of Fame, nämlich den des HSV, initiierte 2005 als Stifter der Hamburger Unternehmer Andreas Maske.

Mittelpunkt der kleinen Parkanlage nahe der Nordostrampe des Stadions ist der größte Fuß der Welt: eine Bronzeskulptur des rechten Fußes von Uwe Seeler, nach einem Gipsabdruck im Maßstab 1:20, geschaffen von der Künstlerin Brigitte Schmitges (1942–2007) aus Mönchengladbach, hergestellt in der Kunstgießerei Straßacker in Süßen (Württemberg): 5,30 Meter hoch und vier Tonnen schwer. Um den Fuß gruppieren sich 50 Tafeln, meist mit Fuß- und Handabdrücken, die an HSV-Legenden erinnern.

Maskes Idee hat inzwischen zahlreiche Nachahmer gefunden: den Magdeburg Sports Walk, die Nürnberger Traditionsfahnen im Stadion (beide 2007), bei Borussia Dortmund mit über 100 Stationen im Stadtbild und im „Wuseum" von Werder Bremen (beide 2009), den DFB-Pokal Walk of Fame beim Berliner Olympiastadion (2013), wo auch die Ex-HSVer Günter Netzer und Frank Rost gewürdigt sind, den Säulen der Eintracht in einer Frankfurter U-Bahn-Station (2013) und im Park der Olympiasieger Halle/Saale (2019). Siehe dazu auch: www.maske-walk-of-fame.de

Jochenfritz Meinke

Horst Schnoor

Jürgen Kurbjuhn

Willi Schulz

Peter Nogly

Caspar Memering

Rudi Kargus

Felix Magath

Ditmar Jakobs

Thomas von Heesen

Ernst Happel

Mehdi Mahdavikia

Legenden

Etliche Stars des HSV sind an anderer Stelle bereits gewürdigt. Hier kommen weitere Stammkräfte zum Zug. Jochenfritz Meinke (1930–2022), langjähriger Stopper und Kapitän vor dem Bundesliga-Start. Horst Schnoor, anderthalb Jahrzehnte Schlussmann (und zweimaliger Torschütze!). Der gebürtige Ostpreuße und Buxtehuder Jürgen Kurbjuhn (1940–2014), ein Verteidiger. „World Cup Willie" Schulz, Libero mit drei WM-Teilnahmen. Vorstopper Peter „Eiche" Nogly, 1969 bis 1980 HSVer. Mittelfeld-Mann Caspar „Cappi" Memering, Europameister 80 und mit Girondins Bordeaux Titelgewinner. Kunstmaler Rudi Kargus, seine 24 gehaltenen Strafstöße sind Bundesliga-Rekord. Spielmacher Felix Magath, später auch Trainer und Manager. Ditmar Jakobs, Vorstopper, dessen Laufbahn 1989 eine durch einen Karabinerhaken der Toraufhängung verursachte schwere Verletzung beendete. 368 Pflichtspiele, 99 Tore: die Bilanz von „Thommy" von Heesen, 2014/15 stv. Aufsichtsratsvorsitzender der HSV Fußball AG. Erfolgs-Coach Ernst Happel (1925–1992), den Manager Netzer bereits 1978 verpflichten wollte, doch der DFB beanstandete die fehlende deutsche Trainer-Lizenz. Und Publikumsliebling Mehdi Mahdavikia aus Teheran, 2003 „Asiens Fußballer des Jahres".

Nicht berücksichtigt ist das erste HSV-Idol, Torjäger „Tull" Harder (1892–1956), KZ-Kommandant und 1947 als Kriegsverbrecher zu 15 Jahren Zuchthaus verurteilt.

Der Fax-faux-pas

„Ein Fax (Kurzform von Telefax) (…) ist die Übertragung des Bildes eines Papierdokuments auf ein Papier im Empfangsgerät" (aus: wikipedia).

Erfolgreich war das Übermittlungsgerät (wer kennt noch Fernschreiber?!), als das Thermopapier Anfang der 1990er Jahre durch normales Schreibpapier ersetzt werden konnte.

Inzwischen gilt das Fax als überholt: Der Bundestag z. B. entsorgte 2021 seine mehr als 8.000 Geräte. Wohl aber stellte sich in der Pandemie heraus, dass solche noch etliche Gesundheitsämter nutzten, was zu erheblichen Verzögerungen bei der Daten-Übermittlung führte. Die „Süddeutsche Zeitung" mutmaßte gar: „Das Faxgerät hat wohl den einen oder anderen Corona-Toten auf dem Gewissen."

So gravierend waren die Folgen für den Jungprofi Eric Maxim Choupo-Moting (geb. 1989) nicht. Der HSV wollte den Stürmer 2011 zum 1. FC Köln ausleihen. Die Vereine waren sich einig, und deshalb hatte Just Moting, Vater und Berater, dem englischen Premier League-Club West Bromwich Albion F. C. bereits abgesagt.

Am 31. Januar ging der Arbeitsvertrag um 17.49 Uhr per Fax in die Domstadt. War aber ab Seite 3 unleserlich. Kölns Sportdirektor Volker Finke: „Nur noch schwarze Querstriche!". Seite 4 mit der Unterschrift des Spielers fehlte komplett.

Das vollständige Fax erhielten die Kölner um 18.03 Uhr, die DFL elf Minuten später, doch da war die Transferfrist bereits abgelaufen. Die DFL: „Für technische Probleme können wir nichts." Das Magazin „11 Freunde" spottete: „Ich fax es nicht!" Die Ursache für die Panne wurde nie geklärt: Vielleicht ein Papierstau?

Abiturient Choupo-Moting wurde danach zum HSV II „delegiert", sein Profi-Vertrag nicht verlängert. Ablösefrei wechselte er zu Mainz 05. Nach transfermarkt.de ist der Mittelstürmer, kamerunischer Nationalspieler und WM-Teilnehmer, bei Bayern

München (Vertrag bis 2023) heute 3.5 Mio. € wert. Paris SG hatte ihn zuvor für 8 Mio. bei Stoke City ausgelöst.

Der HSV und der 1. FC Köln sind übrigens bei Redaktionsschluss nach wie vor per Fax zu erreichen.

Angeblich, so zu lesen bei t-online, scheiterte in der Winterpause 1988/89 auch der Wechsel von Thomas von Heesen zu Eintracht Frankfurt, weil ein Fax zu spät eintraf. Falsch: Obwohl die finanziell angeschlagenen Hamburger Geld brauchten und ihren Höchstverdiener gerne abgegeben hätten.

Der HSV-Kapitän verließ damals vorzeitig das Trainingslager in San Salvador in El Salvador (Mittelamerika): „Es gibt für mich kein Zurück mehr." Aus Quarteira an der portugiesischen Algarve, wo sich die SGE fit machte, rief ihn deren Präsident Matthias Ohms bei der Zwischenlandung des Spielmachers in Miami City (USA) an: „Herr von Heesen, es ist alles perfekt!" In Hamburg allerdings besann man sich anders, woraufhin Sportchef Erich Ribbeck von Heesen mitteilte: „Thomas, der Wechsel ist geplatzt!"

Der Fußballer war derweil bereits in Frankfurt gelandet, musste aber seinen Vertrag in Hamburg erfüllen. Denn die gebotenen 3.5 Mio. DM waren den HSV-Verantwortlichen, die 4.4 bis 5 Mio. Ablöse erwartet hatten, zu wenig. Also kam „Thommy" nicht auf die DFB-Transferliste.

1980 war er für 25.000 DM vom 1. FC Paderborn ausgelöst worden und 1994 wechselte er nach 308 HSV-Einsätzen (99 Tore) für 350.000 DM zum damaligen Drittligisten Arminia Bielefeld. Mit dem Thomas von Heesen 1995 in die 2. Liga und 1996 in die Bundesliga aufstieg.

Nicht zu fassen: Eric Maxim Choupo-Moting und die Fax-Panne des HSV

Wann kommt der „Second City-Cup"?

„Second City" ist ein Begriff aus den USA: er meint Chicago als zweitgrößte Stadt des Landes nach New York. Diese Bezeichnung ist inzwischen auch für Europa gebräuchlich. Und gilt in Deutschland für Hamburg, nach Berlin (3.6 Mio. Bewohner) die No. 2 mit 1.85 Mio. Einwohnern. Die seit der Saison 2018/19 mit dem Abstieg des HSV als einzige Millionenstadt Europas bekanntermaßen keinen Fußball-Erstligisten mehr besitzt.

„Du bist nicht allein" hieß ein Hit des Schlagersängers Roy Black im Jahr 1965. Also nachgesehen: Hat der HSV im Europa der UEFA mit 55 Mitgliedsländern noch Leidensgenossen?

Ungarns Hauptstadt Budapest (aktuell sechs Erstligisten), London für England und das isländische Reykjavik (jeweils fünf) darf man dabei ebenso ausklammern wie Moskau (vier), dessen Klubs allerdings aufgrund des völkerrechtswidrigen Angriffs Russlands auf die Ukraine derzeit aus internationalen Wettbewerben ausgeschlossen sind.

Aber tatsächlich findet der HSV unter den zweitgrößten Städten Europas ohne einen Erst-Liga-Klub Gesellschaft!

Fangen wir hoch im Norden an in der Hafenstadt Brann (287.000 Einwohner) an der norwegischen Westküste: Beliebtes Touristenziel („das Tor zu den Fjorden"), Weltkulturerbe, doch fußballerisch stieg SK Brann 2021 von den Eliteserien in die OBOS-Ligaen (1. Division = 2. Liga) ab. Trotz ebensolcher Tradition wie der HSV: Gegründet 1908, 3 x Meister, 6 x Pokalsieger (www.brann.no/english) Beide Klubs begegneten sich sogar 2007 in der Gruppenphase des UEFA-Cup: Hamburg gewann dank eines Treffers von Vincent Kompany vor 13.000 1:0. Weitere Mitspieler verschweigen wir hinsichtlich des Stachels in der Wunde der Fans.

Und schon folgt die nächste Hafenstadt (s. Hafenpokal S. 67): Swansea City („The Swans") aus Wales, von 2011 bis 2018 in der höchsten englischen Liga. Fußballerisch ist die 180.000 Einwohner-Stadt derzeit in der „EFL Championship Sky Bet Championship" präsent. Verkürzt: 2. Liga. Swansea gewann 2013 den englischen League Cup und war als erster walisischer Klub 1961 im EC der Pokalsieger vertreten, unterlag aber Motor Jena aus der DDR.

Brno (Brünn), nun keine Hafenstadt, aber als Mährens 380.000 Einwohner-Metropole in Tschechien ein sehr attraktives Reiseziel, besitzt seinen fußballerischen Repräsentanten nach x-Namenswechseln im FC Zbrojovka Brno. Der Beiname bedeutet: (Tschechoslowakische Staatliche) Waffenfabrik, die es seit dem Konkurs 2006 nur noch unter einem Tochter-Namen gibt. Der CSSR-Meister von 1978 stieg bereits 2018 in die 2. Liga ab.

Die zweitgrößte Stadt von Nordmazedonien, bis 2019 Mazedonien, ist Kumanova nahe der Grenze zu Serbien und dem Kosovo, 73.000 Einwohner. Ohne einen Vertreter in der Prva Makedonska Fudbalska Liga: der FK Milano gehört der 4. Liga an.

Erstrangig als ehemalige europäische Kulturhauptstadt und mit dem größten denkmalgeschützten Stadtgebiet der Slowakei ist Kosice mit 240.00 Bewohnern. Auch hier im Lauf der Jahrzehnte unterschiedliche Vereinsnamen; derzeit gilt FC Kosice, eben 2. Liga.

Für Spezialisten sei angemerkt: Nordirlands zweitgrößte Stadt ist Derry (für britische Unionisten: Londonderry), Einwohnerzahl 85.000, ein Kleinod unter Europas Städten. In dem Jahr, in dem britische Militärs am „Bloody Sunday" dort 13 unbewaffnete katholische Demonstranten ermordeten, es war 1972, verließ der Fußballklub Derry City die nordirische Liga. Seit 1985 gehört er der ersten irischen Liga an.

Würde die finanzorientierte UEFA einen weiteren Wettbewerb namens „Second City-Cup" kreieren, so hätte der derzeit zweitklassige HSV immerhin sechs Mitbewerber! Und live übertragen würde die Begegnungen bestimmt irgendein Sender, sei es DAZN, RTL 2, sky etc. etc.. Für Hamburger Fans könnte das im Übrigen interessante Auswärts-Touren bedeuten.

Eintausend Zuschauer: Ausverkauft!

Mannschaft und Begleiter des HSV hatten für das Zweitliga-Punktspiel am 13. März 2020 im Hotel „Sheraton" in Nürnberg bereits eingecheckt, fast 2.500 oder mehr Anhänger waren auf dem Weg zum Gastspiel beim späteren Bundesliga-Aufsteiger SpVgg Fürth.

Die DFL, die ursprünglich ohne Zuschauer spielen lassen wollte, sagte die Spieltage der 1. und 2. Bundesliga jedoch kurzfristig ab. Denn in Deutschland war die erste Virus-Infektion am 27. Januar aufgetreten und inzwischen bezeichnete die Weltgesundheitsorganisation WHO Corona als globale Pandemie. Der damalige HSV-Präsident Bernd Hoffmann: „Wir hoffen im Sinne der Bevölkerung, dass diese Maßnahmen zur Verringerung einer weiteren Ausbreitung des Virus beitragen können. Es ist extrem schade, dass wir in Fürth auf unsere treuen und lautstarken Fans verzichten müssen."

Dies war auch wieder am 17. Mai 2020 in Fürth der Fall: im ersten sog. Geisterspiel der HSV-Geschichte ohne Zuschauer (2:2). Historisch auch, dass erstmals fünf Auswechslungen erlaubt waren, die HSV-Trainer Dieter Hecking vornahm. Der Blick darauf belegt die heutzutage hohe Fluktuation im Profi-Fußball: Kittel für Jairo (heute FC Malaga), Kinsombi für Dudziak (Fürth), van Drongelen (KV Mechelen) für Vagnoman, Harnik (TuS Dassendorf) für Hunt (Karriereende), Schaub (1. FC Köln) für Pohjanpalo (Rizespor).

Mit einer Schweigeminute für die Corona-Opfer verbunden war das erste HSV-Heimspiel ohne Zuschauer am 24. Mai gegen Bielefeld (0:0). Von da an wechselten die politischen Vorgaben hinsichtlich der Besucherzahl stetig. Mehrmals wurde aus dem Volksparkstadion „ausverkauft" gemeldet, doch in Wahrheit bedeutete dies in der 57.000 Plätze-Spielstätte: z. B. 1.000 im Derby gegen den FC St. Pauli, 2.000 gegen denselben Gegner, 10.000 gegen Heidenheim, knapp 18.000 gegen Darmstadt u.s.w. Wirk-

Schweigeminute für die Corona-Opfer beim ersten HSV-Heimspiel ohne Zuschauer gegen Bielefeld am 24. Mai 2020

liche „Zahltage" bedeuteten während der Pandemie mit ihrer inzwischen „vierten Welle" die Auftritte von Kiel (39.543) und Düsseldorf (38.954) im Volkspark. Oft aber galt: Zuschauer keine.

Der bundesdeutsche Föderalismus zeitigte im Fußball kuriose Folgen. Denn der Besucher-Höchstwert in der 1. DFB-Pokal-Runde 2020 wurde bei Dresden – HSV (4:1) mit 10.053 gemeldet. Ausgerechnet aus dem Bundesland mit der niedrigsten Impfquote! In Nürnberg und bei 1860 durfte gleichzeitig niemand zuschauen, bei RW Essen und dem MSV Duisburg wurden zu wirklichen Pokal-Schlagern jeweils nur 300 Fans eingelassen.

Die Pandemie schlug sich wie anderswo auch beim HSV finanziell nieder: Für das Geschäftsjahr 2020/21 mit 4.7 Mio. € zum elften Mal in Folge ein Bilanzminus. Der damalige Finanzvorstand Frank Wettstein: „Die größte Krise der Nachkriegszeit." Gemildert allerdings durch staatliche Corona-Überbrückungshilfe (ca. 11 Mio.) und den politisch umstrittenen Verkauf des „Stadiongrundstücks" an die Stadt (mehr als 14 Mio.).

Das „Lichtlein" ist ausgegangen ...

Ein angenehmer sonntäglicher Geburtstags-Brunch mit Verwandtschaft, Freundinnen und Freunden in einem Hotel nahe dem Hamburger Flughafen. Genug Unterhaltungsstoff war nach der Pandemie vorhanden. Doch immer wieder tauchte eine Frage auf: „Und, wie steht's beim HSV?"

Das Resultat an jenem 10. April 2022 lautete 1:0 für Kiel. Einstimmiges mediales Fazit: Der Klub hatte es wieder einmal vergeigt. Relevant schien nur noch die Frage, ob die „Zecken" (meint aus HSV-Sicht den FC St. Pauli) oder „St. Ellingen" bzw. „die Vorstadt" (umgekehrte Ansicht) in der Endabrechnung vorne stehen würden. Dies geschah zuletzt 1954 ... und war schließlich nicht mehr von Belang. Denn der HSV gewann seine letzten fünf Zweitliga-Spiele. Es galt nun der altdeutsche Tafel-Spruch: „Immer wenn Du denkst, es geht nicht mehr, kommt von irgendwo ein Lichtlein her."

Gegen Hannover strömten 57.000 ins ausverkaufte Volksparkstadion. Und es gab gratis 7.500 Halbliter-Biere. Die Verträge junger Akteure wurden für teils erhebliche Summen frühzeitig verlängert. Obwohl im Pokal-Halbfinale ausgeschieden, wurde Robert Glatzel mit fünf Treffern Torschützen-König in dem Wettbewerb. Der HSV stellte die jüngste Mannschaft der 2. Liga, hatte dazu die wenigsten Niederlagen (sechs) und Gegentore (35) kassiert.

Der Gegner in der Relegation hieß Hertha BSC Berlin – und deren Trainer Magath. Eine HSV-Ikone, nicht nur ob seines Europacup-Siegtreffers von anno 1983. Er hatte früh geahnt, dass es gegen seinen „Herzensklub" gehen würde und bekam deshalb im Netz den Beinamen „Nostradamus" nach dem provenzalischen Astrologen.

Nach einem 1:0-Erfolg des HSV im Berliner Olympiastadion bedeutete das 0:2 im Volkspark für den HSV das fünfte Zweitliga-

Auch die erstklassige Unterstützung durch die HSV-Fans reichte nicht aus, um ein weiteres Zweitligajahr zu vermeiden.

Jahr in Folge. Felix Magath hatte dem HSV nach über einer halben Million Euro Abfindung als Trainer, Sportdirektor etc. nun auch noch den Wiederaufstieg vermasselt.

Also wieder Sandhausen, wobei Hertha-Anhänger nach der Hinspiel-Niederlage HSV-Kollegen bereits befragt haben sollen: „Und, wie ist das dort so?" (Anm.: Sandhausen besitzt keinen Bahnhof).

Bei Redaktionsschluss ist die fußballerische Zukunft des HSV-Personals ungeklärt. Über 23 Mio. €, die die Stadt dem Verein fürs Stadion-Grundstück spendierte, scheinen bereits aufgebraucht.

Das Quiz für echte HSV-Experten

1. Der erste HSV-Olympiasieger (SC Germania) gewann 1896 in welcher Disziplin?

a) 800-Meter-Lauf
b) Tennis-Einzel
c) Tennis-Doppel

2. Nach Uwe Seelers Feldverweis musste der HSV 1957 wegen einer Platzsperre auswärts spielen. Wo?

a) Weserstadion Bremen
b) Niedersachsenstadion Hannover
c) Holstein-Stadion Kiel

3. Was erinnert heute an das langjährige HSV-Stadion Rothenbaum?

a) Kunstwerke in der U-Bahn-Station Hallerstraße
b) Eine umfangreiche oberirdische Bilder-Galerie
c) Nichts

4. Wer wurde 1960 Westdeutschlands erster „Fußballer des Jahres"?

a) Uwe Seeler
b) Max Morlock
c) Hans Schäfer

5. Vater und zwei Söhne A-Nationalspieler. Wie hieß die Familie?

a) Seeler
b) Dörfel
c) Posipal

6. „Charly" Dörfel spielte nicht nur beim HSV, sondern auch auf anderen Erdteilen. In wie vielen insgesamt?

a) Zwei
b) Drei
c) Fünf

7. Uwe Seelers letztes Punktspiel im Volkspark 1972, 1:2 gegen den VfB Stuttgart. Wie viele kamen, um ihn zu verabschieden?

a) 62.000
b) 41.000
c) 9.000

8. Dr. Peter Krohn macht 1973 den ersten Trikot-Sponsoren-Vertrag für den HSV klar. Mit wem?

a) Campari
b) BP
c) Hitachi

9. **Ein FC Bayern-Star fliegt 1978 ein, trainiert als „Neuzugang", ist aber abends wieder zuhause und kommt nie zum HSV. Sein Name?**

a) Uli Hoeneß
b) Paul Breitner
c) Martin Jol

10. **Franz Beckenbauer verliert 1981/82 seinen Stammplatz beim HSV. Wer löst ihn als Libero ab?**

a) Ditmar Jakobs
b) Manfred Kaltz
c) Holger Hieronymus

11. **Erfolgreiches Europacup-Endspiel 1983 in Athen. Wer wurde für den verletzten Lars Bastrup eingewechselt?**

a) Allan Hansen
b) Thomas von Heesen
c) William Hartwig

12. **Pokal-Pleite bei einem Amateurligisten bereits in der 1. Hauptrunde 1984. Gegen wen?**

a) VfB Eppingen
b) Werder Bremen Amateure
c) SC Geislingen/Steige

13. **Kevin Keegan landet 1979 mit „Head Over Heels in Love" einen Hit. Auch wegen der Zusammenarbeit mit?**

a) Suzi Quatro
b) Chris Norman
c) Otto Waalkes

14. **Platzsturm im Volksparkstadion, als der HSV bereits Deutscher Meister ist. Zahlreiche Verletzte, Ausnahmezustand. Das Jahr?**

a) 1982
b) 1983
c) 1979

15. **Wann wurde der HSV letztmals Deutscher Fußball-Meister?**

a) 1982
b) 1983
c) 1979

16. **Der HSV sucht 1993 ein Maskottchen, das heute niemand mehr kennt. Name des „Gewinners"?**

a) Charly, die Möwe
b) Harry, die Hummel
c) Uwe, der Seehund

17. Auf dem Rückflug nach dem Titelgewinn 1983 stimmt Horst Hrubesch ein Spottlied auf Werder Bremen an. Entliehen bei welchem Eishockey-Klub?

a) Düsseldorfer EG
b) SC Riessersee
c) HSV

18. Wie heißt der Rekordmann mit 581 HSV-Pflichtspielen?

a) Horst Schnoor
b) Uwe Seeler
c) Manfred Kaltz

19. Meiste HSV-Platzverweise in der Bundesliga?

a) Sergej Barbarez
b) Stefan Schnoor
c) David Jarolim

20. Der Torhüter, der 19 Strafstöße für den HSV verwandelte?

a) Rudi Kargus
b) Richard Golz
c) Hans-Jörg Butt

21. Der HSV verkauft 2001 die Namensrechte am Volksparkstadion. Neuer Name?

a) Imtech Arena
b) AOL-Arena
c) HSH Nordbank Arena

22. Hoyzer-Betrug 2004 im Pokal in Paderborn. Danach Entlassung des HSV-Trainers, der nie mehr einen Bundesliga-Job bekam.

a) Klaus Toppmöller
b) Kurt Jara
c) Thomas Doll

23. Hamburgs „Traumpaar", Fußball-Star und Model?

a) Rafael van der Vaart / Estevana Polman
b) Rafael van der Vaart / Sylvie Meis
c) Rafael van der Vaart / Sabia Boulahrouz

24. HSV-Abwehrspieler, Beiname: „der Kannibale"?

a) Daniel van Buyten
b) Nigel de Jong
c) Khalid Boulahrouz

25. Andreas Maske initiiert 2006 den „HSV Walk of Fame", Vorbild für viele andere Vereine und Städte. Wie viele Spieler werden dort, Stand 2020, gewürdigt?

a) 100
b) 75
c) 50

26. Nach dem langjährigen HSV-Masseur Hermann Rieger wurde ein Weg benannt. Und zwar in?

a) Hamburg-Bahrenfeld
b) Mittenwald
c) Garmisch-Partenkirchen

27. Wer erzielte den ersten HSV-Hattrick in der Bundesliga?

a) Uwe Seeler
b) Ivica Olić
c) Pierre-Michel Lasogga

28. Letzter Bundesliga-Heimsieg am 30. Januar 2009 mit 1:0 gegen Bayern München vor mit 57.000 ausverkauftem Haus. Torschütze?

a) Piotr Trochowski
b) Paolo Guerrero
c) Mladen Petrić

Quiz-Lösungen

1 c – Tennis-Doppel
2 a – Weserstadion Bremen
3 c – Nichts
4 a – Uwe Seeler
5 b – Dörfel
6 b – Drei
7 c – 9.000
8 a – Campari
9 a – Uli Hoeneß
10 c – Holger Hieronymus
11 b – Thomas von Heesen
12 c – SC Geislingen/Steige
13 b – Chris Norman („Smokie")
14 c – 1979
15 b – 1983
16 b – Harry, die Hummel
17 a – Düsseldorfer EG
18 c – Manfred Kaltz
19 a – Sergej Barbarez
20 c – Hans-Jörg Butt
21 b – AOL-Arena
22 a – Klaus Toppmöller
23 b – Rafael van der Vaart / Sylvie Meis
24 c – Khalid Boulahrouz
25 c – 50
26 b – Mittenwald
27 b – Ivica Olić
28 c – Mladen Petrić

Zitate

„Mehr als ein Steak am Tag kann man nicht essen."
Uwe Seeler, als er 1961 das Angebot
von Inter Mailand ablehnte

„Wir werden im x-ten Zweitligajahr auch ohne den teuersten Kader noch um die vorderen Plätze mitspielen können."
Der damalige HSV-Finanzvorstand Frank Wettstein,
Juni 2020 im NDR

„Parasiten, die müssen wir verkaufen!"
Trainer Ernst Happel (†), Frühjahr 1984 über
Schatzschneider/Wuttke

„Der Happel ist ein verbitterter alter Mann, der die Menschen verachtet."
Wolfram Wuttke (†), 1983 bis 1985 beim HSV

„Wir wollen in den nächsten fünf Jahren zu den Top 20 in Europa gehören."
Vorstandsvorsitzender Bernd Hoffmann 2005

„Der HSV hat in fünf Jahren um den Abstieg gebettelt."
Horst Hrubesch in: „Weser-Kurier", 14.12.2018

„Aus der Historie heraus wird der HSV immer der große Verein in Hamburg bleiben."
Timo Schultz, Trainer FC St. Pauli, 2021 in „11 Freunde"

„Loyal und bescheiden – der Größte aller Zeiten."
Transparent der Nordtribüne-Fans im Gedenken an Uwe
Seeler, 24. Juli 2022, Heimspiel gegen Rostock